Super M

Aufstiege

4

Herausgegeben von
Klaus Heinze
Ursula Manten
Gudrun Hütten

Erarbeitet von
Christiane Audick
Heidi Dietz
Bettina Egbers
Matthia Gratzki
Kerstin Hänsel
Klaus Heinze
Ursula Manten
Maike Teusen
Nicole Wolters

Illustrationen von
Martina Leykamm
Eve Jacob
Dorothee Mahnkopf

Cornelsen

Super M
Aufstiege
4

Herausgegeben von: Klaus Heinze, Ursula Manten, Gudrun Hütten

Erarbeitet von: Christiane Audick, Heidi Dietz, Bettina Egbers, Matthia Gratzki, Kerstin Hänsel, Klaus Heinze, Ursula Manten, Maike Teusen, Nicole Wolters

Redaktion: Nadine Marx, Friederike Thomas

Illustrationen: Martina Leykamm, in den Aufstiegen 4 weitergeführt von Eve Jacob, Dorothee Mahnkopf (Super M), Karl-Heinz Wieland (Seite 9)

Layoutkonzept: hawemannundmosch

Layout und technische Umsetzung: Katrin Tengler

Umschlaggestaltung: Ines Schiffel

Bildredaktion: Peter Hartmann

Quellenverzeichnis: S. 7 Cornelsen Verlag/Peter Hartmann; S. 12 Wikipedia/GNU/Dieter Brügmann; S. 14 Wikipedia/CC/Armin Kübelbeck; S. 16 Staatliche Museen zu Berlin – Preußischer Kulturbesitz, Institut für Museumsforschung: Statistische Gesamterhebung an den Museen der Bundesrepublik Deutschland für das Jahr 2007, Berlin 2008; S. 24 Cornelsen Verlagsarchiv; S. 57 Meyerwerft, Papenburg (Celebrity), www.aida.de (AIDAdiva), www.meyerwerft.com; S. 60 Dr. Volkhard Binder, Berlin; S. 62 VG Bild-Kunst, Bonn 2009

Bestandteile des Lehrwerks Super M für das 4. Schuljahr

Schülerbuch 4 mit Kartonbeilagen	978-3-06-081340-7
Arbeitsheft 4	978-3-06-081344-5
Arbeitsheft 4 mit CD-ROM	978-3-06-081348-3
Einstiege/Aufstiege 4	
Arbeitsblätter zur Differenzierung	978-3-06-081431-2
Einstiege 4	978-3-06-081485-5
Aufstiege 4	978-3-06-081486-2
Handreichungen für den Unterricht	
mit Lehrermagazin	978-3-06-081352-0
Kopiervorlagen mit CD-ROM	978-3-06-081415-2
Im Paket:	
Handreichungen für den Unterricht	
mit Lehrermagazin und Kopiervorlagen	
mit CD-ROM	978-3-06-081488-6

Das bedeuten die Zeichen:

- Hier gibt es etwas zu entdecken!
- Kopfrechnen
- Super-M-Aufgabe
- Merkkasten
- Super-M-Tipp
- (3) wiedergeben, ausführen, ausrechnen
- (3) überlegen, mitdenken, fortsetzen
- (3) eigene Strukturen und Lösungswege entwickeln, darstellen, begründen und systematisch nutzen

www.cornelsen.de

1. Auflage, 1. Druck 2009

Druck: Druckhaus Berlin-Mitte GmbH

ISBN 978-3-06-081431-2 (Einstiege/Aufstiege 4)
ISBN 978-3-06-081486-2 (Aufstiege 4)

Inhalt gedruckt auf säurefreiem Papier aus nachhaltiger Forstwirtschaft.

Das war … / Das kommt …

(1) Zahlen bis 100 000. Schreibe als Additionsaufgabe.

	ZT	T	H	Z	E
a)	••	•••	•	••••	••
b)	•••	•	••	•••	•••
c)	••••	••		••	•
d)					

a) 20 000 + 3 000 + 100 + 40 + 2 = 23 142

b) ____________________

c) ____________________

d) ____________________

(2) Schriftlich addieren und subtrahieren. Ergänze die fehlenden Ziffern und Überträge.

a)
```
  5 7 4
+ _ _ _
  -----
  9 8 3
```

b)
```
  _ _ _
+ 3 0 9
  -----
  7 1 8
```

c)
```
  4 9 7
− _ _ _
  -----
  1 5 3
```

d)
```
  _ _ _
− 3 7 9
  -----
  5 2 8
```

e)
```
  6 3 4
− _ _ _
  -----
  1 4 7
```

f)
```
  2 _ 4
+ 5 6 _
  -----
  _ 4 2
```

g)
```
  3 _ 4
+ _ 9 _
  -----
_ 0 1 9
```

h)
```
  _ 7 _
+ 3 _ 2
  -----
  8 4 0
```

i)
```
  _ 0 6
− 2 _ _
  -----
  2 2 7
```

j)
```
  7 _ 4
− _ 5 _
  -----
  3 7 2
```

(3) Zahlen bilden – Zahlen finden

Notiere alle dreistelligen Zahlen, die du mit diesen Ziffern bilden kannst.

7 3 5

Lösung: ____________________

Die Zahlen liegen zwischen 500 und 600. Die Zehnerzahl ist doppelt so groß wie die Einerzahl.

Lösung: ____________________

Die Zahlen liegen zwischen 400 und 500. Die Differenz zwischen Hunderter, Zehner und Einer beträgt jeweils 2.

Lösung: ____________________

(4) Welche dieser Figuren sind Quadernetze? Kreuze an.
Male die Flächen, die sich am Quader gegenüberliegen, mit der gleichen Farbe aus.

☐ A

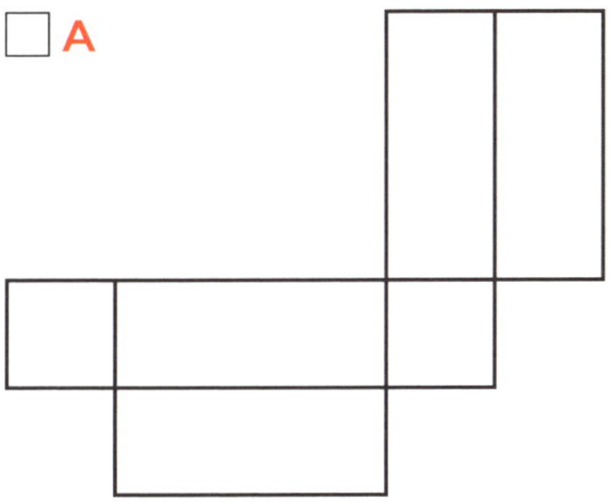

☐ B

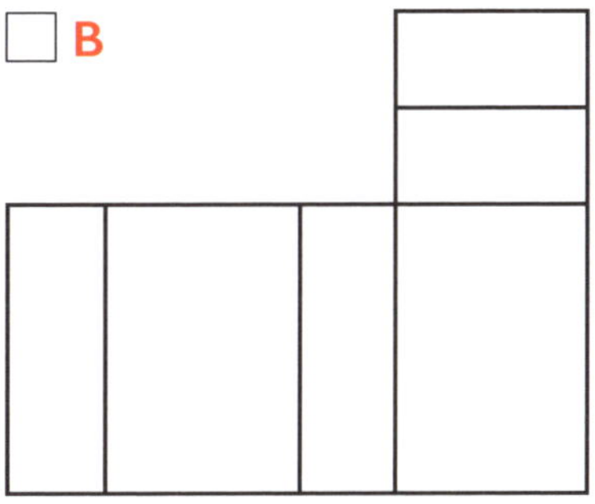

☐ C

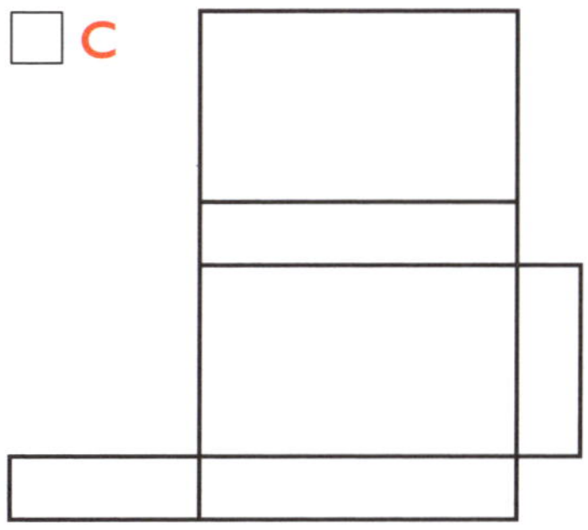

1 Rechne geschickt.

a) 376 + 499 = ______
488 + 267 = ______

b) 657 − 399 = ______
799 − 308 = ______

c) 375 + 268 + 125 = ______
279 + 148 + 352 = ______

2 Schriftliche Addition und Subtraktion. Ergänze die fehlenden Ziffern und Überträge.

a)
```
  6 4 5
+
-------
  8 7 3
```

b)
```
    0
+ 5 7 5
-------
  8   2
```

c)
```
  7   8
+   8
-------
  9 0 4
```

d)
```
  6 6 6
−
-------
  3 8 7
```

e)
```
  9 0
− 6   7
-------
    1 7
```

3 Zahlenrätsel

Subtrahiere von 1000 die Summe aus 399 und 299. Dann erhältst du meine Zahl. Ali
Lösung: ______

Die Hälfte meiner Zahl ist gleich der Summe aus 119 und 325. Lisa
Lösung: ______

Meine Zahl ist um 579 größer als die Differenz aus 709 und 288. Max
Lösung: ______

4 Hier siehst du die Rechnungen zu einem Zahlenrätsel. Wie könnte das Rätsel lauten?

	5	5	5
−	3	0	7
		1	
	2	4	8

2	4	8	:	2	=	1	2	4
2	4	0	:	2	=	1	2	0
		8	:	2	=			4

______
______
______

Multiplikation und Division

(1) Rechne. Addiere jeweils die Ergebnisse. Was fällt dir auf? Erkläre.

a) 3 · 75 = ______
7 · 75 = ______
______

b) 4 · 125 = ______
6 · 125 = ______
______

c) 4 · 176 = ______
4 · 124 = ______
______

d) 3 · 139 = ______
3 · 161 = ______
______

(2) Ergänze die Tabelle.

:	2		6
216			
432		108	
864			

(3) Notiere zuerst alle Aufgaben. Entscheide dann, welche Aufgabe du zuerst ausrechnest. Markiere sie mit einem Kreuz. Löse dann alle Aufgaben.

a)
117 : 3 = ______
118 : 3 = ______
119 : 3 = ______
______ : 3 = ______
______ : 3 = ______
______ : 3 = ______
______ : 3 = ______
______ : 3 = ______

b)
156 : 4 = ______
157 : 4 = ______
158 : 4 = ______
______ : 4 = ______
______ : 4 = ______
______ : 4 = ______
______ : 4 = ______
______ : 4 = ______

c)
352 : 5 = ______
354 : 5 = ______
356 : 5 = ______
______ : 5 = ______
______ : 5 = ______
______ : 5 = ______
______ : 5 = ______
______ : 5 = ______

(4) Notiere vier dreistellige Zahlen, die …

a) … beim Teilen durch 6 den Rest 4 ergeben. ______

b) … beim Teilen durch 7 den Rest 5 ergeben. ______

c) … beim Teilen durch 4 den Rest 3 ergeben. ______

Knobeln, entdecken, forschen

1 a) Berechne die Summe der fünf Zahlen, die in der Hundertertafel durch das rote Kreuz markiert sind. Verschiebe dann das Kreuz jeweils um ein Feld nach links, nach rechts, nach oben und nach unten und bestimme wieder die Summe.
Notiere sie unter den Kreuzen.

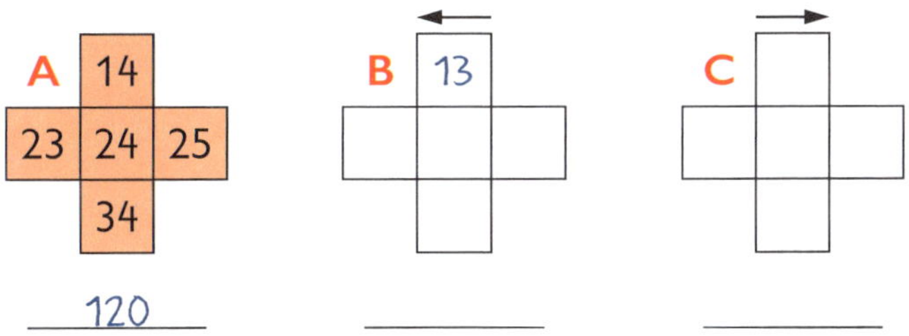

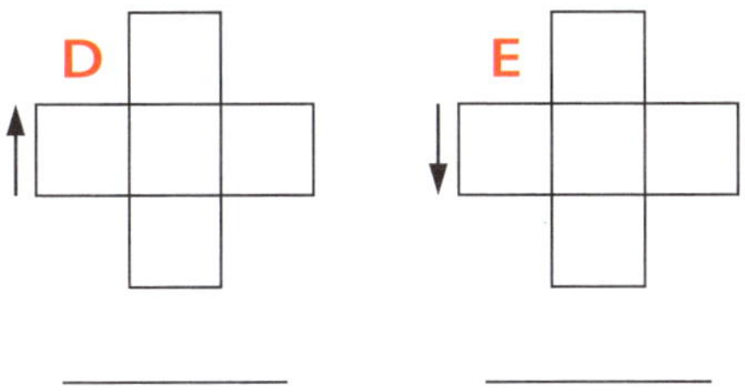

1	2	3	4	5	6	7	8	9	10
11	12	13	14	15	16	17	18	19	20
21	22	23	24	25	26	27	28	29	30
31	32	33	34	35	36	37	38	39	40
41	42	43	44	45	46	47	48	49	50
51	52	53	54	55	56	57	58	59	60
61	62	63	64	65	66	67	68	69	70
71	72	73	74	75	76	77	78	79	80
81	82	83	84	85	86	87	88	89	90
91	92	93	94	95	96	97	98	99	100

b) Welche Entdeckungen hast du gemacht? Findest du auch Begründungen?

____

____

____

c) Alle Summen, die durch das Kreuz abgedeckt werden, lassen sich durch eine Multiplikationsaufgabe bestimmen. Notiere sie.

A ________ B ________ C ________ D ________ E ________

d) Die kleinste Summe, die man mit dem Kreuz in der Hundertertafel bilden kann, ist ________, die größte Summe ist ________.

e) Wie viele verschiedene Summen können in der Hundertertafel durch das Kreuz abgedeckt werden?
Es gibt ________ verschiedene Summen. Begründung: ____________________

____

____

2 Forsche selbstständig. Nutze die Rückseite.
Verwende nun diese Form zur Bestimmung von Summen in der Hundertertafel:
Auf welche Zahl kommt es an?
Welche Entdeckungen machst du jetzt?

____

____

____

____

Längen / Zeitpunkt / Zeitdauer

(1) Trage folgende Zahlen in die Lücken ein:

2 | 28 | 3,20 | $1\frac{1}{2}$ | 400

Schreibe die passende Längeneinheit dazu (mm, cm, m, km).

Eine Runde im Stadion beträgt ____________.
Peter ist 5 Runden gelaufen.
Er hat dabei ____________ zurückgelegt.

Beim Sportfest ist Ali ____________ weit gesprungen und hat den Schlagball ____________ weit geworfen.

Von der Schule bis zum Sportplatz sind es 750 m.
Hin- und Rückweg haben eine Länge von ____________.

(2) Ordne die Längenangaben der Größe nach.

275 cm | $\frac{1}{2}$ cm | 27,5 m | 27,5 cm

27 mm | 27 m 5 cm | $\frac{1}{4}$ m | 0,75 m

(3) Berechne die fehlenden Angaben und trage in die Tabelle ein.

Beginn	Zeitdauer	Ende
9.32 Uhr	1 h 28 min	
	2 h 15 min	17.10 Uhr
11.25 Uhr		14.10 Uhr

(4) Reiseplan von ____________ nach ____________

Reiseplan A

Bahnhof/Haltestelle	Zeit	Zug
Osnabrück Hbf	ab 10:12	IC 141
Hannover Hbf	an 11:18	
Hannover Hbf	ab 11:41	ICE 75
Frankfurt (Main) Hbf	an 14:00	
Frankfurt (Main) Hbf	ab 14:20	IC 2391
Stuttgart Hbf	an 15:53	

Reiseplan B

Bahnhof/Haltestelle	Zeit	Zug
Osnabrück Hbf	ab 10:37	IC 2113
Köln Hbf	an 12:49	
Köln Hbf	ab 12:54	ICE 507
Mannheim Hbf	an 14:24	
Mannheim Hbf	ab 14:31	ICE 597
Stuttgart Hbf	an 15:08	

Vergleiche die beiden Zugverbindungen. Trage in die Tabelle ein.

	Plan A	Plan B
Reisedauer gesamt		
Wartezeit beim Umsteigen		
Reine Fahrzeit der Züge		

Gewicht/Geometrie

(1) Ein Blatt Kopierpapier wiegt ungefähr 5 g.
In einer Packung sind 500 Blatt.
In einem Paket befinden sich 5 Packungen.
Die Schule bestellt eine Palette mit 20 Paketen.
Wie schwer …

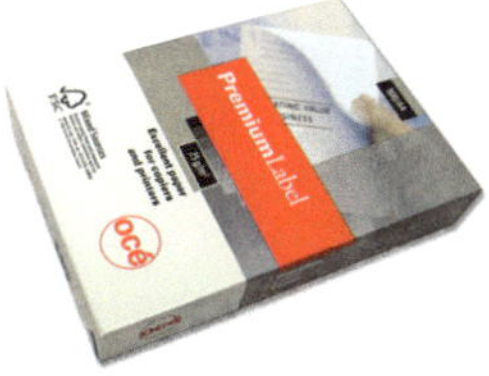

a) … ist eine Packung? b) … ist ein Paket? c) … sind 20 Pakete?

(2) Herr Martens hat das Gewicht seines Schweizer Sennenhundes im ersten Lebensjahr notiert und in einem Schaubild dargestellt. Bei der Geburt wog der Hund $\frac{1}{2}$ kg.

a) Lies die Werte aus dem Schaubild ab und trage sie in die Tabelle ein.

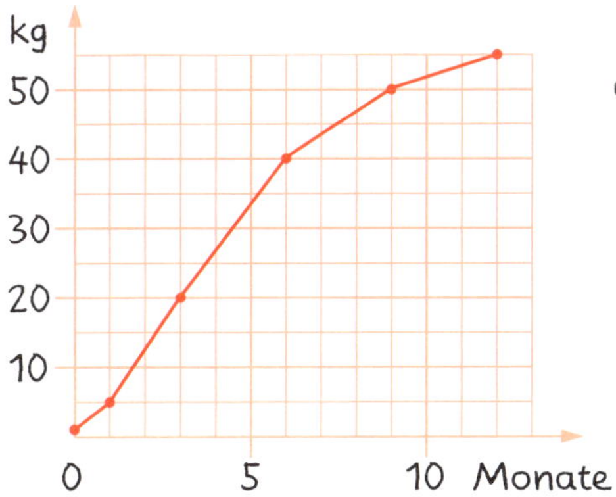

Alter	Gewicht
1 Monat	
3 Monate	
6 Monate	
9 Monate	
12 Monate	

b) In welchem Vierteljahr war die Gewichtszunahme des Hundes am größten?

c) Wie viel Mal so groß als bei der Geburt ist das Gewicht nach einem Jahr?

(3) Vervollständige zu Quadernetzen.
Male dann die Ecken, die im Quader zusammenstoßen, in einer Farbe an.

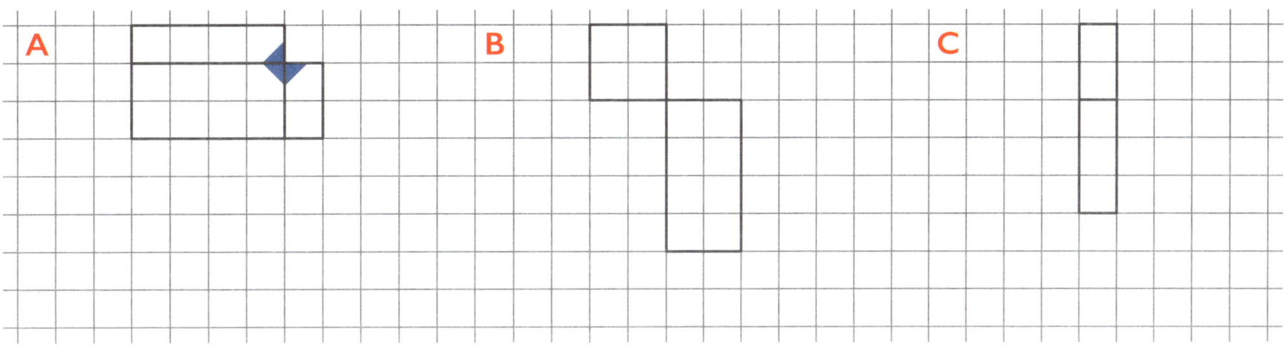

Rund um den Zirkus

(1) Für jede Vorstellung auf der Sommerrundreise muss auch das Außengehege für die Löwen neu aufgebaut werden. Wenn der Platz ausreicht, wird immer nach der rechten Skizze gebaut.

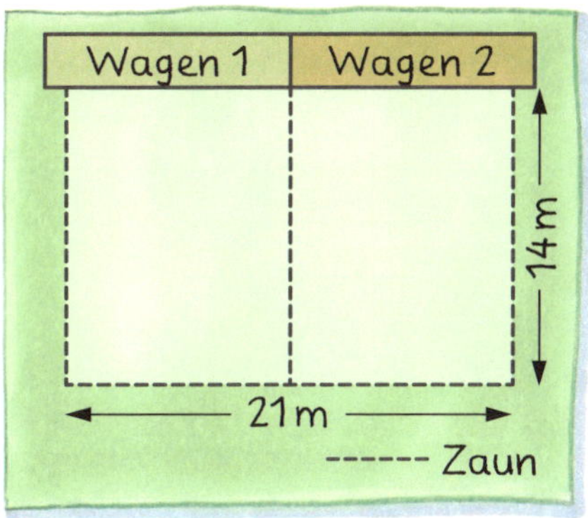

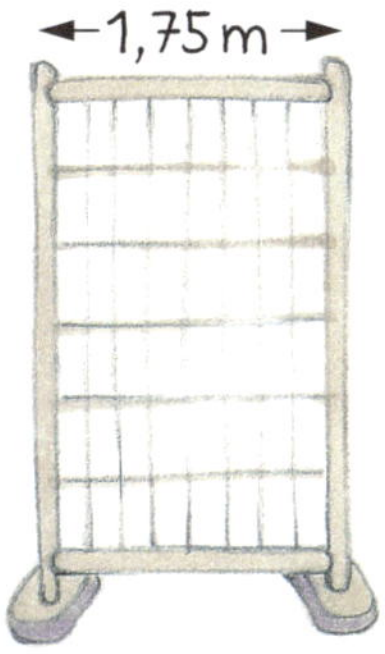

a) Für den Aufbau der Zaunes benutzt der Zirkus Gitterzaunteile mit einer Breite von 1,75 m.
Wie viele Gitterzaunteile werden benötigt?

(b) Damit die Besucher der Tierschau nicht zu dicht an das Gehege kommen, wird ein Schutzzaun mit etwas Abstand zum Zaun aufgestellt.
Dafür werden Zaunteile benutzt, die eine Länge von 2,50 m haben.
Wie viele Zaunteile sind nötig? Welchen Abstand hat der Schutzzaun vom Zaun?
Finde eine sinnvolle Lösung.

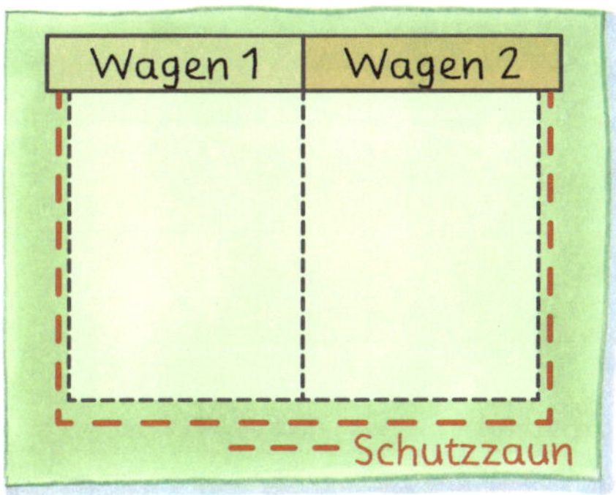

(2) Für die Tiere im Zirkus werden täglich große Mengen Stroh benötigt. Das Stroh wird in gepressten Ballen geliefert.
Auf der Abbildung kannst du erkennen, wie die Ballen bei dieser Lieferung gestapelt sind. Die Lieferung des komplett gefüllten Anhängers kostet 510 €.
Wie viele Ballen passen auf den Anhänger?
Wie viel kostet dann ein Ballen?
Bei der vorigen Strohlieferung bezahlte der Zirkus für 40 Ballen 320 €. Vergleiche die Preise.

Große Entfernungen im Weltraum

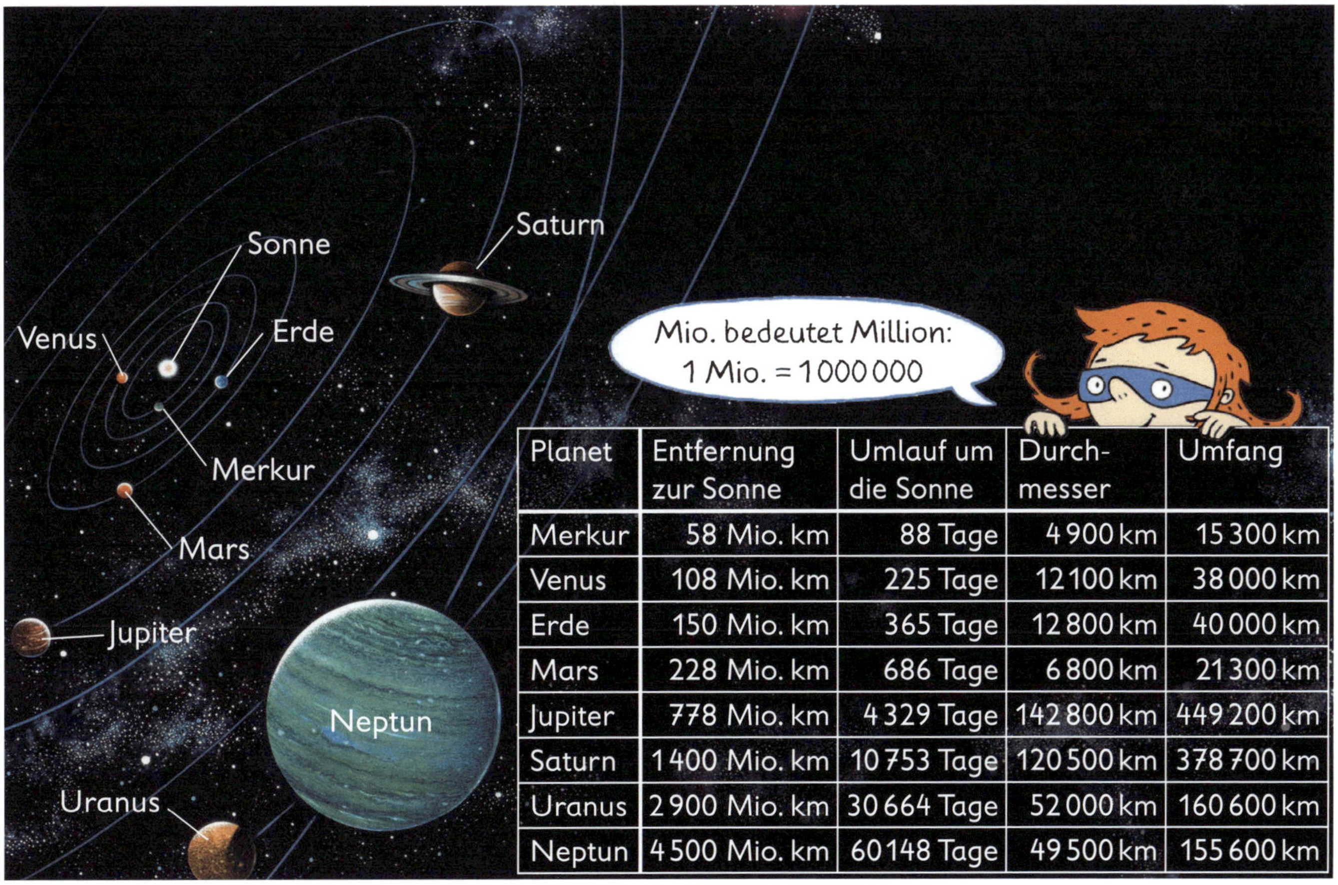

Planet	Entfernung zur Sonne	Umlauf um die Sonne	Durch-messer	Umfang
Merkur	58 Mio. km	88 Tage	4 900 km	15 300 km
Venus	108 Mio. km	225 Tage	12 100 km	38 000 km
Erde	150 Mio. km	365 Tage	12 800 km	40 000 km
Mars	228 Mio. km	686 Tage	6 800 km	21 300 km
Jupiter	778 Mio. km	4 329 Tage	142 800 km	449 200 km
Saturn	1 400 Mio. km	10 753 Tage	120 500 km	378 700 km
Uranus	2 900 Mio. km	30 664 Tage	52 000 km	160 600 km
Neptun	4 500 Mio. km	60 148 Tage	49 500 km	155 600 km

1 Löse die Rätsel. Nutze die Rückseite für deine Rechnungen.

Ich bin etwas mehr als 5-mal so weit von der Sonne entfernt wie die Erde.
Lösung: ____________

Ich brauche ungefähr 29 Jahre und 6 Monate, um einmal die Sonne zu umkreisen.
Lösung: ____________

Mein Durchmesser ist fast doppelt so groß wie der Durchmesser des Mars.
Lösung: ____________

Ich umkreise die Sonne in weniger als 3 Monaten.
Lösung: ____________

Ich bin fast doppelt so weit von der Sonne entfernt wie der Merkur.
Lösung: ____________

Mein Umfang ist 4-mal so lang wie der Umfang der Erde.
Lösung: ____________

Mein Rätsel:
____
____
____
____
____

2 Wie viele Jahre und Monate benötigt Jupiter ungefähr, um einmal die Sonne zu umkreisen? Nutze die Rückseite für deine Rechnungen.

Das weiß ich schon: ____________

Das weiß ich jetzt: ____________

Zahlen bis 10 000

(1) Bilde vierstellige Zahlen aus den Ziffernkarten. 5 3 9 2
Jede Ziffer darf nur einmal in deiner Zahl vorkommen.

a) Wie viele Zahlen größer als 5 000 kannst du bilden? ________
Notiere sie der Größe nach geordnet.

____

b) Welche ist die größte Zahl, die du bilden kannst? ________

c) Welche ist die kleinste Zahl, die du bilden kannst? ________

(d) Welche Zahl liegt am nächsten an 3 000? ________

(e) Welche zwei Zahlen liegen am nächsten beieinander? ________________

____

(f) Welche zwei dieser vierstelligen Zahlen kannst du addieren, deren Summe möglichst nah an 10 000 liegt? ________________

(2) Ein Tausender-Würfel besteht aus ________ Einern
oder ________ Zehnern oder ________ Hundertern.

a) Aus wie vielen Zehnern bestehen 7 Tausender-Würfel? ________
Wie viele Hunderter sind das? ________

b) Aus wie vielen Hundertern bestehen 5 Tausender-Würfel? ________
Wie viele Zehner sind das? ________

c) Wie viele Einer benötigst du für 10 Tausender-Würfel? ________

(3) Wie heißen die Zahlen? Die Stellentafel hilft dir, richtig zu bündeln.

Meine Zahl hat
5 Tausender, 14 Hunderter,
8 Zehner und 11 Einer.
Tom
Lösung: ________

Meine Zahl hat
24 Hunderter, genauso
viele Einer und 12 Tausender.
Nele
Lösung: ________

ZT	T	H	Z	E

Meine Zahl hat
11 Tausender, 19 Zehner
und 19 Einer.
Maria
Lösung: ________

Meine Zahl hat 9 Tausender,
17 Hunderter, 8 Einer und
doppelt so viele Zehner.
Ali
Lösung: ________

Orientierung im Zahlenraum bis 10 000

① Palindromzahlen

656 | 717 | 45 654 | 28 482

8 998 | 4 554 | 13 531 | 11

a) Wie würdest du erklären, was eine Palindromzahl ist?

___

___

___

Fällt dir ein anderer Name für sie ein?

___

Vergleiche mit einem anderen Kind.

b) Notiere eigene Palindromzahlen.

___

Schreibe deine Palindromzahlen der Größe nach geordnet auf.

___

② a) Bestimme die Differenz von der genannten Palindromzahl zur nächstgrößeren Palindromzahl.

von 8 998 zu ___ Differenz: ___
von 5 445 zu ___ Differenz: ___
von 292 zu ___ Differenz: ___
von 2 112 zu ___ Differenz: ___

b) Untersuche die Differenz der Palindromzahlen innerhalb eines Tausenders (zum Beispiel zwischen 5 000 und 6 000). Nutze die Rückseite. Was fällt dir auf?

___

___

③ a) Notiere einige Palindromzahlen zwischen 0 und 10 000.

___

___

b) Findest du heraus, wie viele Palindromzahlen es zwischen 0 und 10 000 gibt, ohne alle aufzuschreiben?
Erkläre, wie du vorgehst. ___

___

___

Es gibt ___ Palindromzahlen zwischen 0 und 10 000.

Tipp: Du kannst im Internet suchen.

Zahlen bis 100 000

① Tierische Inventur im Zoo Berlin

Jedes Jahr zählt der Zoo seine Tiere bei einer „tierischen Inventur". Jedes Zootier – und sei es auch noch so klein – wird erfasst.
Runde die Anzahl der Tiere auf Hunderter und stelle sie im Balkendiagramm dar.

Am 31. Dezember 2008 lebten im Zoo Berlin:

1 134	Säugetiere	in	184 Arten
2 624	Vögel	in	382 Arten
478	Reptilien	in	78 Arten
458	Amphibien	in	52 Arten
4 678	Fische	in	454 Arten
5 754	Wirbellose	in	312 Arten
	insgesamt:		
15 126	Tiere	in	**1462** Arten

Säugetiere: 1134 ≈ ______

______

______

______

______

______

______

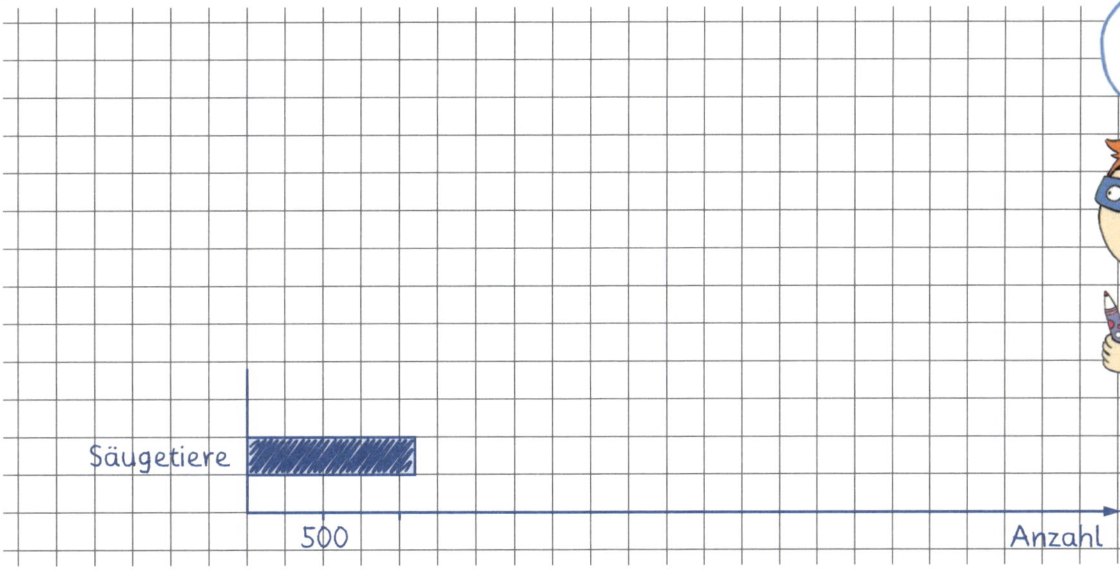

② Zahlenrätsel

Welche fünfstelligen Zahlen, die kleiner als 15 000 sind, kannst du mit diesen Ziffern bilden?

1 3 5 7 9

Lösung: ______

______

______

Die Zahlen liegen zwischen 10 000 und 90 000. Sie sind gerade. Alle Ziffern sind gleich.

Lösung: ______

______

______

Mein Zahlenrätsel:

______

______

______

Lösung: ______

______

______

Orientierung im Zahlenraum bis 100 000

① a) Zähle in Viertausenderschritten rückwärts.
92 750, ______

b) Zähle in Neunhunderterschritten vorwärts.
50 240, ______

c) Zähle in Dreitausenderschritten rückwärts.
31 555, ______

② Notiere die …

a) … größte fünfstellige Zahl. ______
b) … kleinste vierstellige Zahl. ______
c) … größte vierstellige gerade Zahl. ______
d) … kleinste fünfstellige gerade Zahl. ______
e) … kleinste fünfstellige ungerade Zahl ohne die Ziffer 1 im Einer. ______

f) Ordne die fünf Zahlen nach der Größe. Beginne mit der kleinsten. ______ ______ ______ ______ ______

③ Trage die Buchstaben am Zahlenstrahl ein.

A 53 150 B 52 990 C 53 330 D 53 240 E 53 450 F 53 600

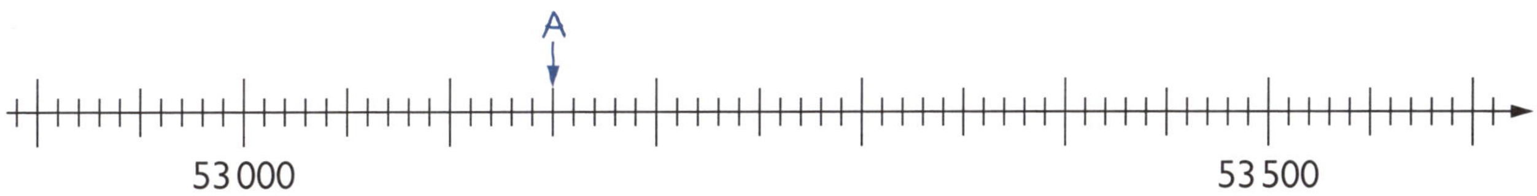

④ Wie viele Zahlen gibt es? Finde die Antwort, ohne alle Zahlen zu notieren. Nutze zum Probieren die Rückseite.

a) Wie viele Zahlen zwischen 25 000 und 26 000 haben eine 3 an der Hunderterstelle? ______

b) Wie viele Zahlen zwischen 50 000 und 100 000 haben eine 8 an der Tausender- und an der Hunderterstelle? ______

c) Wie viele Zahlen zwischen 0 und 100 000 haben eine 6 an der Zehntausenderstelle und eine 4 an der Einerstelle? ______

⑤ Teile den Zahlenstrich so ein, dass du die Zahlen zuordnen kannst.

a) ______ 37 000 38 500 40 500

b) ______ 71 500 88 000 98 000

c) ______ 50 900 51 600 52 400

Übungen im Zahlenraum bis 100 000

① Schreibe die Sätze neu mit gerundeten Zahlen.

a) Mit 22 Landesverbänden, 5 721 Vereinen und 26 734 Mannschaften ist der Deutsche Handballbund (2008) der größte nationale Handball-Verband der Welt.

b) Von 1938 bis Ende 2008 haben die deutschen Handball-Männer 1171 Länderspiele bestritten. Sie warfen bei den Spielen 25 796 Tore.

c) Ein Bundesliga-Spiel des Handball-Vereins Rhein-Neckar Löwen besuchten durchschnittlich 9 246 Besucher.

②

Handball-Bundesliga
Zuschauerzahlen Saison 2007/2008

Verein	Gesamtzuschauerzahl
1. THW Kiel	174 250 ≈ ______
2. Rhein-Neckar Löwen	157 176 ≈ ______
3. HSV Hamburg	147 922 ≈ ______
4. Füchse Berlin	109 916 ≈ ______
5. SG Flensburg-Handewitt	105 652 ≈ ______
6. VfL Gummersbach	103 140 ≈ ______
7. SC Magdeburg	90 061 ≈ ______
8. TBV Lemgo	89 426 ≈ ______
9. Frisch Auf! Göppingen	73 376 ≈ ______
10. HSG Wetzlar	62 662 ≈ ______
11. TV Großwallstadt	60 550 ≈ ______
12. HSG Nordhorn-Lingen	60 230 ≈ ______
13. GWD Minden	49 250 ≈ ______
14. MT Melsungen	47 085 ≈ ______
15. HBW Balingen-Weilstetten	46 688 ≈ ______
16. TuSEM Essen	40 731 ≈ ______
17. TuS N-Lübbecke	39 537 ≈ ______
18. Wilhelmshavener HV	36 816 ≈ ______

a) Runde die Zahlen auf Tausender.

b) Richtig (r) oder falsch (f)?

Der VfL Gummersbach hatte rund 100 000 Zuschauer. __

Die SG Flensburg-Handewitt hatte mehr als doppelt so viele Zuschauer wie die HSG Nordhorn-Lingen. __

Der THW Kiel hatte die meisten Zuschauer. __

TuSEM Essen und MT Melsungen hatten zusammen mehr Zuschauer als der SC Magdeburg. __

c) Formuliere selbst eine richtige Aussage.

Zahlen bis 1 000 000

1 Max hat sich aus der Materialkiste Würfel und Stangen genommen.
Jetzt möchte er wissen, wie viele Einer-Würfel es jeweils sind.

a) 8 Zehntausender-Stangen, 12 Tausender-Würfel, 82 Hunderter-Platten

Es sind ________________ Einer-Würfel.

b) 20 Zehner-Stangen, 50 Hunderter-Platten, 4 Zehntausender-Stangen, 11 Tausender-Würfel

Es sind ________________ Einer-Würfel.

c) 300 Einer-Würfel, 400 Zehner-Stangen, 12 Zehntausender-Stangen

Es sind ________________ Einer-Würfel.

2 Zahlen in der Kiste

a) Wie viele Zahlen sind in der Kiste? __________

b) Notiere die 10 kleinsten und 10 größten Zahlen der Größe nach.

c) Welche Zahlen haben mindestens vier gleiche Ziffern? ________________

d) Finde die vier Zahlen, bei denen die Einerziffer halb so groß ist wie die Hunderterziffer und die Zehnerziffer gleich der Tausenderziffer ist.

e) Gibt es mehr gerade oder mehr ungerade Zahlen in der Kiste? Begründe!

Es gibt __________ gerade Zahlen und __________ ungerade Zahlen.

1 a) Kunsthalle Neustadt

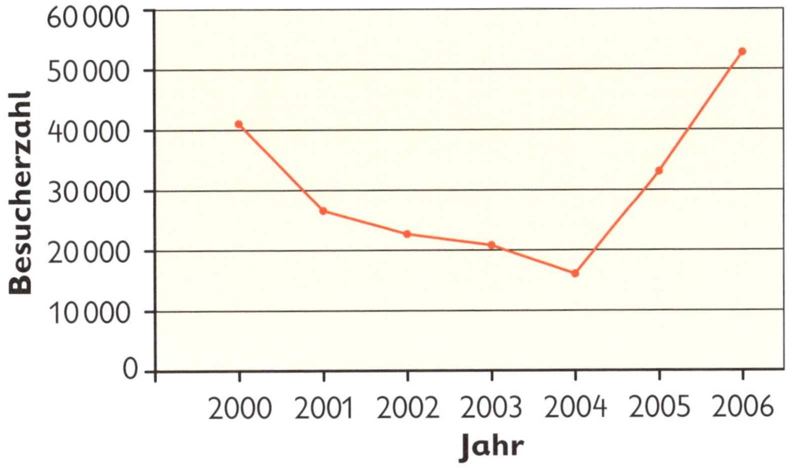

Notiere
die ungefähren Besucherzahlen.

2000: 41 000 Besucher

b)

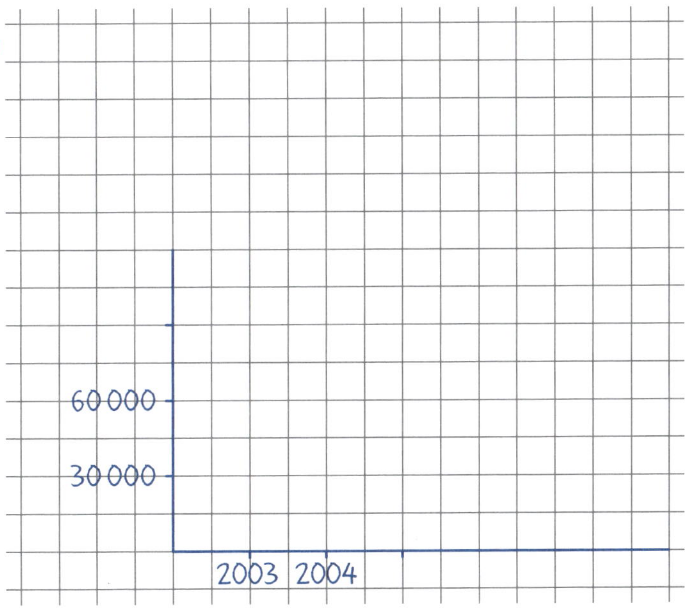

In einem Kunstmuseum wird jedes Jahr eine Ausstellung zu einem anderen berühmten Künstler veranstaltet.
Zeichne ein Schaubild wie oben.

Jahr	Besucher	Ausstellung
2003	152 000	Franz Marc
2004	165 000	Wassily Kandinsky
2005	200 000	Henri Rousseau
2006	131 000	Pablo Picasso
2007	150 000	August Macke
2008	94 300	Paul Cézanne

2 Museen in Deutschland, Besucher 2007: etwa 107 Millionen

Schaue dir das Kreisdiagramm genau an.
Vergleiche die Zahlen der Museumseintritte.

a) Formuliere mindestens drei Aussagen oder vergleiche.
Notiere sie auf der Rückseite.

b) Stelle das Diagramm einigen Mitschülern vor.
Welche Begriffe musst du vorher noch klären?

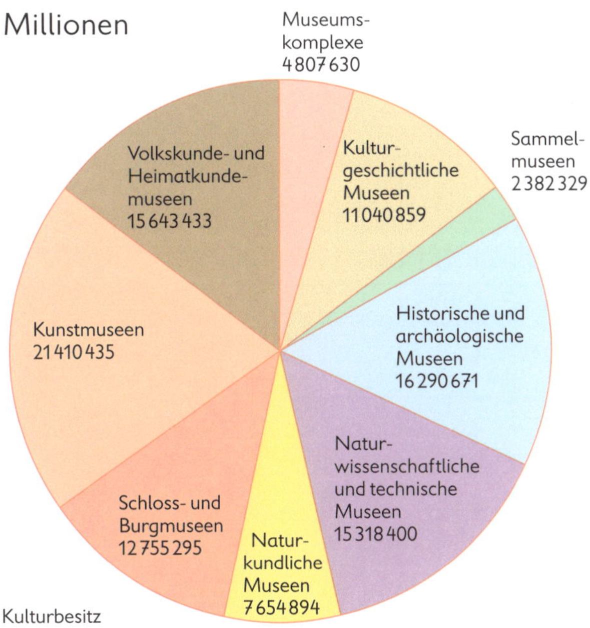

Quelle: Institut für Museumsforschung, Staatliche Museen zu Berlin – Preußischer Kulturbesitz

Das kann ich schon!

① Zahlenstrahl

Verbinde die Zahlen mit der richtigen Stelle am Zahlenstrahl.
Beschrifte den Zahlenstrahl vorher sinnvoll.

905 000 | 895 000 | 913 000 | 938 000 | 927 000 | 950 000

______ ______ ______

② Zahlenfolgen

a) Mit welchen Zahlenfolgen erreichst du genau die Zahl 100 000? Was vermutest du? Kreuze an.

☐ **A** 200, 400, 800, …
☐ **B** 76 000, 76 250, 76 500, …
☐ **C** 1 250, 2 500, 5 000, …
☐ **D** 500, 1 000, 2 000, …
☐ **E** 12 500, 25 000, 37 500, …
☐ **F** 500, 1 000, 1 500, …

b) Suche dir zwei Zahlenfolgen aus und begründe, warum du die 100 000 erreichst oder nicht erreichst. Du kannst die Rückseite zum Probieren nutzen.

____
____
____
____

③ Zahlen runden

Dies sind die größten Städte an der deutschen Märchenstraße. Runde die Einwohnerzahlen auf Zehntausender und zeichne ein Balkendiagramm.

Stadt	Einwohner	Einwohner gerundet
Bremen	547 769	
Göttingen	121 513	
Hanau	93 399	
Kassel	193 803	
Marburg	79 375	

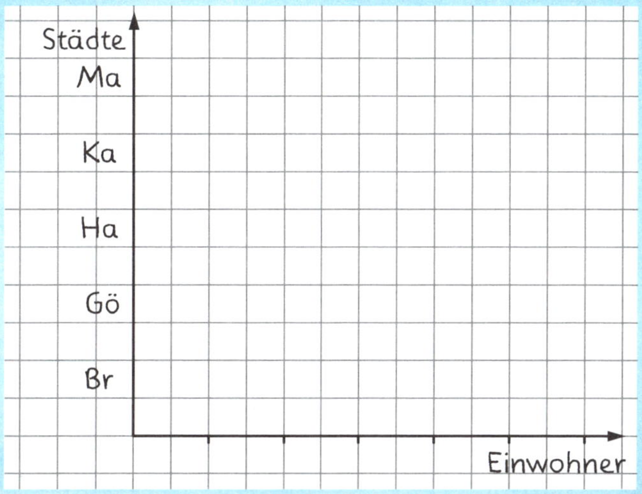

Kilometer, Meter, Zentimeter, Millimeter

1 Längen von Schulwegen

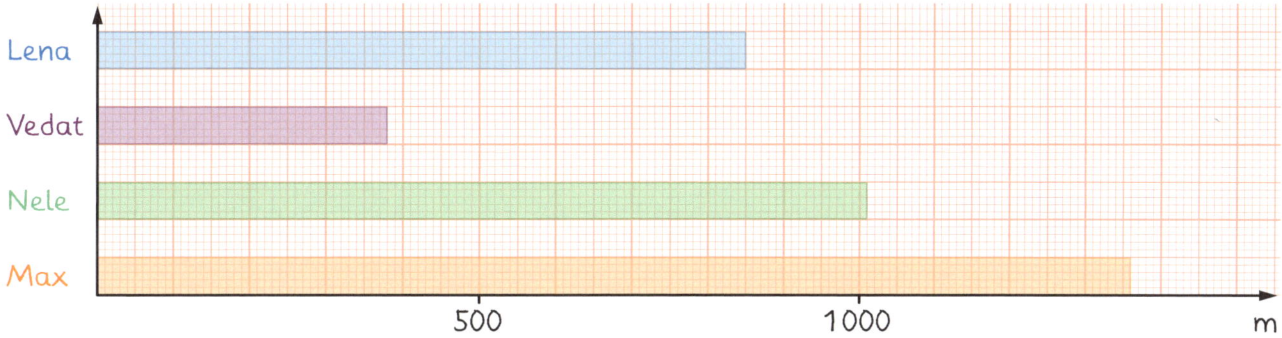

Entnimm dem Balkendiagramm die Längen der Schulwege. Notiere in Kilometern. Nutze die Rückseite für deine Rechnungen.

	einfacher Weg	hin und zurück	an 5 Tagen hin und zurück
Lena	0,85 km		
Vedat			
Nele			
Max			

2 Frau Penkwitt möchte links und rechts des Weges von der Straße zu ihrem Hauseingang Rosen pflanzen. Der Weg hat eine Länge von 4,90 m. Der Abstand zwischen den einzelnen Rosenstöcken soll 70 cm betragen.
Wie viele Rosenstöcke muss Frau Penkwitt pflanzen?

3 Lena nimmt eine Woche lang am Kunstprojekt „Herbstbilder zeichnen mit dem Bleistift" teil.
Am Anfang der Woche ist ihr Stift 12,7 cm lang, am Freitag sind es nur noch 7,9 cm.
Am Montagnachmittag fehlen 1,2 cm, am Dienstag sind es noch einmal 7 mm weniger.
Von Mittwoch bis Donnerstag nimmt die Länge um 21 mm ab. Wie viel kürzer wird der Stift am Freitag?

1 Rechnen mit Bruchzahlen
Die Straße zwischen Weinstadt und Eppendorf ist 10 km lang und wird neu geteert. Firma Grabgut beginnt mit dem Teeren in Weinstadt und schafft pro Tag $\frac{3}{4}$ km. Firma Trittfest beginnt in Eppendorf und schafft $\frac{1}{2}$ km am Tag.

Nach wie vielen Tagen ist die Straße fertig geteert?

2 Schneide das Netz aus. Falte und klebe den Oktaeder zusammen.
Beschreibe den Körper (Anzahl und Formen der Flächen, Kanten, Ecken).

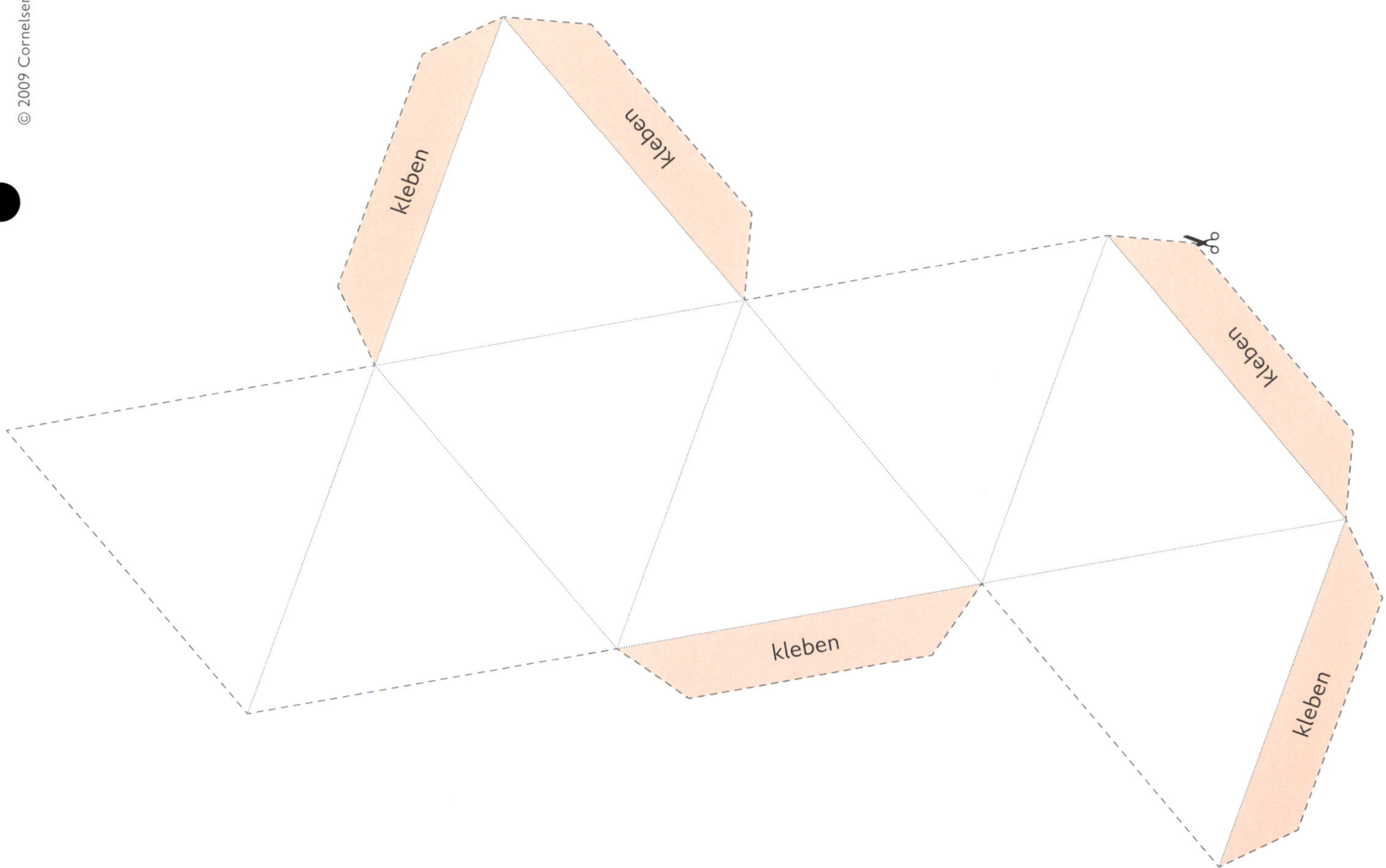

Körpernetze

1 Trage ein: r (richtig), wenn die Figur sich zum Körper falten lässt, f (falsch), wenn nicht.
Benenne die geometrischen Körper, deren Netz richtig abgebildet ist.
Begründe bei falschen Figuren, warum kein geometrischer Körper entstehen kann.

A

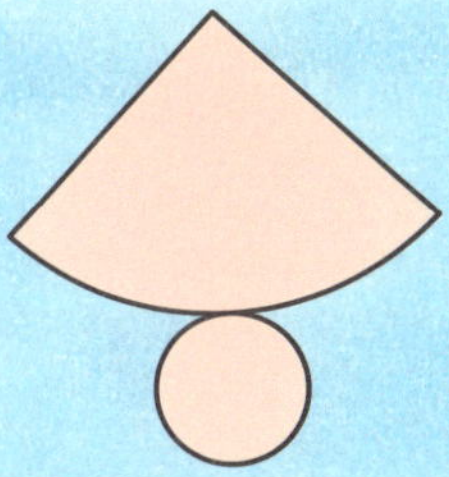

☐ ______

B

f Die Figur ist kein Würfelnetz, weil

C

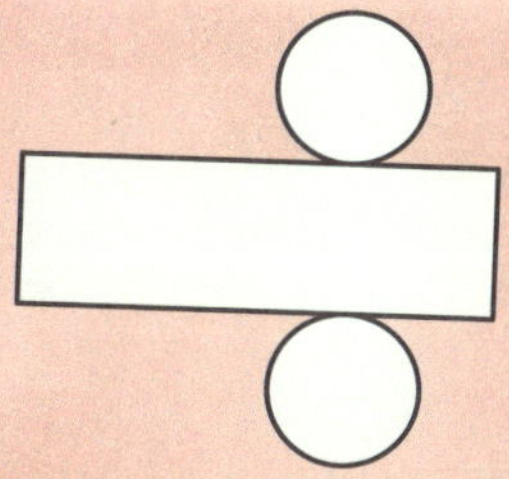

☐ ______

D

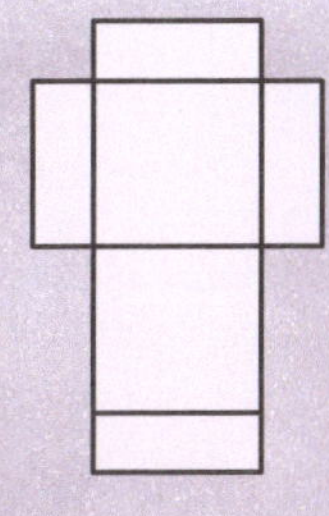

☐ ______

E

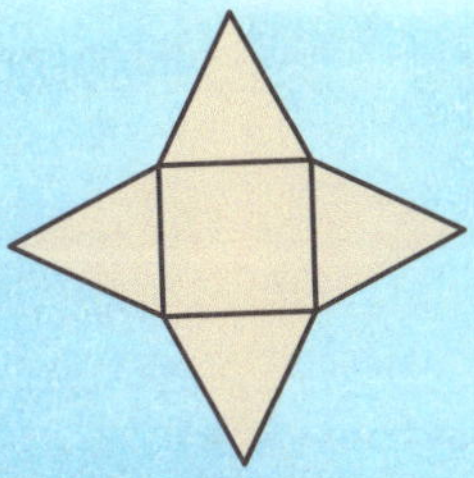

☐ ______

F

☐ ______

G

☐ ______

H

☐ ______

Addieren und subtrahieren von Stufenzahlen

(1) Rechne.

a) 245 000 + 60 600 = ____
510 434 + 20 006 = ____
333 333 + 7000 = ____

b) 220 000 + 570 000 = ____
16 754 + 900 000 = ____
29 631 + 720 000 = ____

c) 961 000 − 40 000 = ____
832 561 − 30 000 = ____
480 623 − 180 000 = ____

d) 800 000 − 660 000 = ____
731 000 − 220 000 = ____
1 000 000 − 890 000 = ____

(2) Zahlen gesucht

a) Max legt in der Stellentafel eine Anfangszahl. Dann nimmt er in einer Spalte 3 Plättchen weg und erhält die Zahl 451 700.
Mögliche Anfangszahlen von Max: ____

b) Zu ihrer Anfangszahl in der Stellentafel legt Naomi in einer Spalte 5 Plättchen dazu. Sie erhält die Zahl 607 154.
Mögliche Anfangszahlen von Naomi: ____

(3) Immer 1 000 000!

400 000 | 300 000 | 150 000 | 200 000 | 100 000 | 250 000 | 500 000

Bilde mit den Zahlen möglichst viele Additionsaufgaben mit der Summe 1 000 000.
Benutze jede Zahl pro Aufgabe nur einmal.

(4) Zahlenmauern

a)
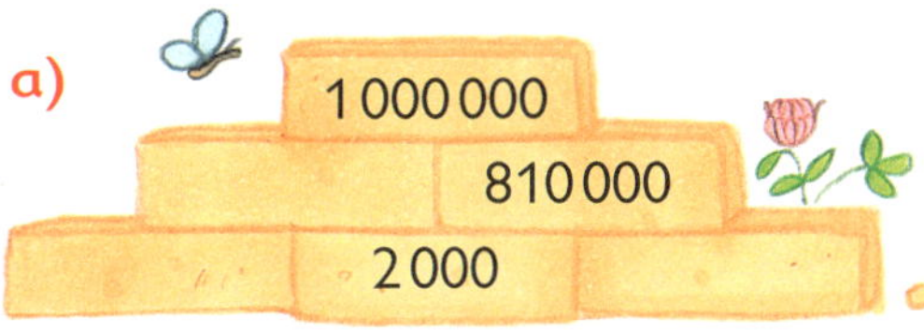

b)

c)

d)

Addieren und subtrahieren 1

1 Super-Päckchen! Rechne. Wie geht es weiter?

a)
205 800 + 20 200 = ______
206 800 + 20 300 = ______
207 800 + 20 400 = ______
______ + ______ = ______
______ + ______ = ______

b)
599 900 − 3 400 = ______
598 900 − 4 400 = ______
597 900 − 5 400 = ______
______ − ______ = ______
______ − ______ = ______

Erkläre, wie sich die Ergebnisse verändern. Begründe.

a) Die Ergebnisse werden immer um ______, weil ______

______

b) ______

______

2 Das Rechenquadrat-Spiel

1. Würfelt mit einem Würfel. Jeder entscheidet, in welchem Feld die gewürfelte Zahl stehen soll.
2. Würfelt abwechselnd, bis alle 16 Felder belegt sind.
3. Jeder notiert am Rand die waagerecht und senkrecht entstandenen Zahlen.
4. Addiert alle acht Randzahlen zur Gesamtsumme. Nutzt dafür die Rückseite. Gewonnen hat derjenige mit der höchsten Gesamtsumme.

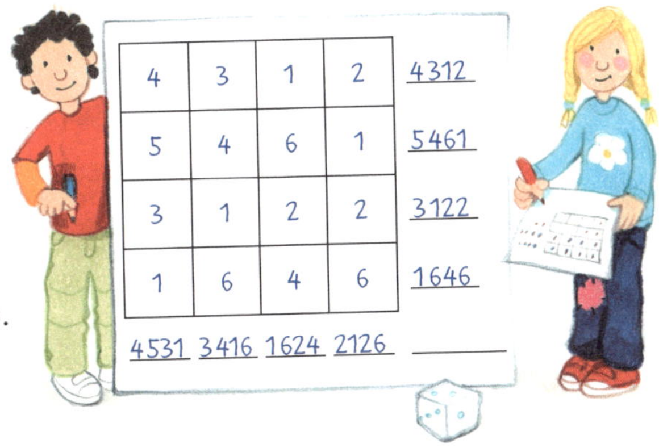

				______
				______
				______
				______
______	______	______	______	______ Gesamtsumme

				______
				______
				______
				______
______	______	______	______	______ Gesamtsumme

Wie kannst du die Zahlen geschickt einsetzen, um eine möglichst hohe Gesamtsumme zu erreichen? Notiere Tipps.

______
______
______
______
______

Addieren und subtrahieren 2

① Rechne schriftlich und setze das Muster fort. Wie verändert sich die Differenz? Begründe.

a)

8957	7846	6735	5624
− 1359	− 1359	− 1359	−

Die Differenz ______________________________ , weil

____

b)

896432	886432	876432
− 264514	− 264513	− 264512

Die Differenz ______________________________

____

c)

961279	961279	
− 243198	− 343298	− 443398

____

____

ⓓ Entwickle ein eigenes Muster. Die Differenz soll immer gleich bleiben.

671412			
− 342904	−	−	−
328508	328508		

② Finde Aufgaben, zu denen die Kopfrechenstrategie passt.

a) Ich subtrahiere einfach 700 000 und addiere zur Differenz 2.

b) Wenn ich den 1. Summanden um 5 erhöhe und den 2. Summanden um 5 verringere, ist es ganz einfach.

52 000	+	31 000	=	83 000
1. Summand		2. Summand		Summe
83 000	−	31 000	=	52 000
Minuend		Subtrahend		Differenz

c) Ich erhöhe den Subtrahenden um 8 auf 100 000, dann muss ich den Minuenden ebenso ____________.

Große Fußballstadien

1 Zahlen und Fakten rund um den Fußball

Fülle die Lücken aus und beantworte die Fragen.
Nutze die Rückseite für Rechnungen.

Mexikanische Fußballfreunde

Am letzten Wochenende war das Aztekenstadion bei einem Spiel der Nationalmannschaft fast ausverkauft. Nur 581 Plätze blieben leer. Von den 104 483 Zuschauern waren etwa drei Viertel mexikanische Fans. Die 25 921 Fans der gegnerischen Mannschaft feuerten ihr Team dennoch bis zur letzten Minute an.

Aztekenstadion

______________ Plätze

Wie viele mexikanische ______________

______________?

Es waren ______________.

Wie viele Seniorenmannschaften sind mehr gemeldet als Juniorenmannschaften?

____

____

____

Fakten aus dem Fußballverband Rheinland

Dem Fußballverband Rheinland sind insgesamt 1 108 Vereine mit 6 184 Mannschaften angeschlossen, nämlich 3 593 Senioren- und 2 591 Juniorenmannschaften. Zum Stichtag 1. 1. 2007 sind 206 097 Mitglieder erfasst, davon 159 130 männliche und 46 967 weibliche. Zum Stichtag 1. 1. 96 waren es noch 187 668 Mitglieder.

Vergleiche die Anzahl der männlichen und weiblichen Mitglieder.

____

WM 2006 – Hunderttausende fieberten live mit im Stadion

Das bis zur letzten Minute spannende Viertelfinale Deutschland gegen Argentinien am 30.6.2006 konnten ungefähr 7 000 mehr Zuschauer live im Berliner Stadion verfolgen als das dramatische Halbfinale 4 Tage später in Dortmund. Weitere 4 Tage später passten in Stuttgart beim Spiel um Platz 3 der deutschen Mannschaft gegen Portugal 20 000 Zuschauer weniger ins Stadion als beim Viertelfinale in Berlin. Insgesamt sahen 189 000 Zuschauer diese letzten drei Spiele der deutschen WM-Mannschaft 2006 in den Stadien.

	Ort	Datum	Zuschauerzahl
Viertelfinale			
Halbfinale			
Spiel um Platz 3			

Finde und beantworte eine eigene Frage.

____

____

____

Das kann ich schon!

① Längen

Trage in die richtige Spalte ein.

2 500 m | $\frac{1}{2}$ m | 47 mm | 0,75 km | 3,5 cm | 50 cm | $\frac{3}{4}$ km | 1 km 700 m | 6,3 km | 2 m 75 cm | $2\frac{3}{4}$ m | 8,75 m

☐ < 1 m	100 cm < ☐ < 1 km	☐ > 1 km

② Schriftlich rechnen

Achte auf die Muster. Setze die Aufgabenfolgen fort.

```
  10504      10504      10504
−  9897    −  9796    −  9695    −
```

Die fünfte Minusaufgabe in der Folge hat das Ergebnis ______________.

```
  54321      65432      76543
+  6789    +  5678    +  4567    +
```

Die fünfte Plusaufgabe in der Folge hat das Ergebnis ______________.

③ Körper

Aus den Teilen kannst du zwei Körper bauen. Einige Teile bleiben übrig.

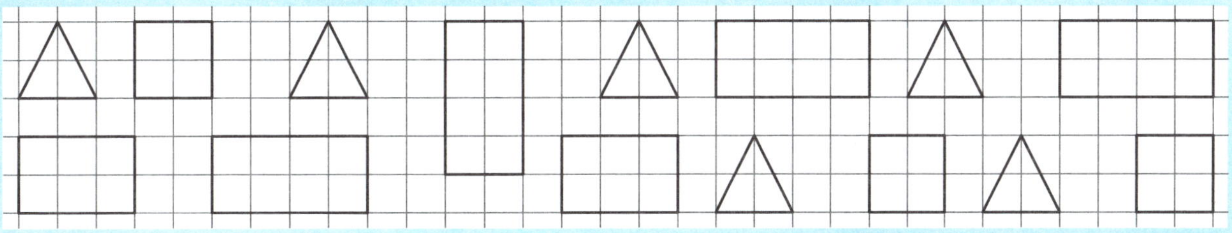

a) Welche Körper sind es? ______________________________

b) Male die Teile, die zu einem Körper gehören, in der gleichen Farbe an.

c) Zeichne die Netze. Nutze die Rückseite.

Multiplizieren mit Stufenzahlen

① Rechne.

a)
200 · 40 = ____
60 · 20 = ____
900 · 800 = ____
400 · 50 = ____

b)
9000 · ____ = 270000
____ · 800 = 56000
8000 · ____ = 240000
500 · 6000 = ____

c)
600 · ____ = 240000
____ · 9 = 27000
800 · ____ = 40000
____ · 700 = 420000

② Rechne im Kopf. Vertausche geschickt die Reihenfolge.

a)
80 · 12 · 25 = ____
4 · 2 · 60 · 5 = ____
200 · 22 · 50 = ____
2500 · 8 · 20 = ____
15 · 40 · 5 = ____

b)
250 · 16 · 4 = ____
1250 · 9 · 40 = ____
250 · 8 · 4 · 10 = ____
4 · 25000 · 2 = ____
1250 · 8 · 70 = ____

③

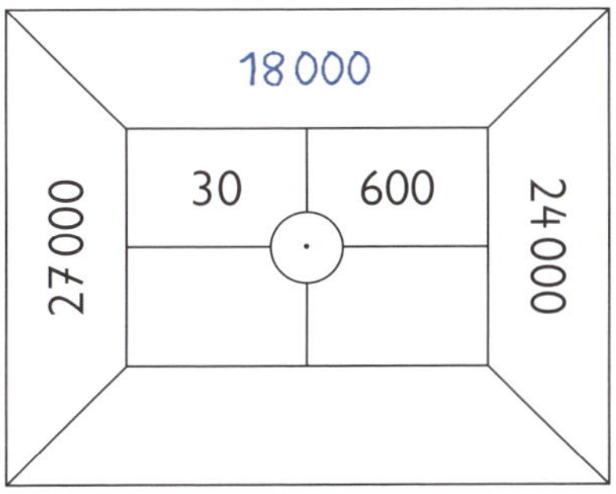

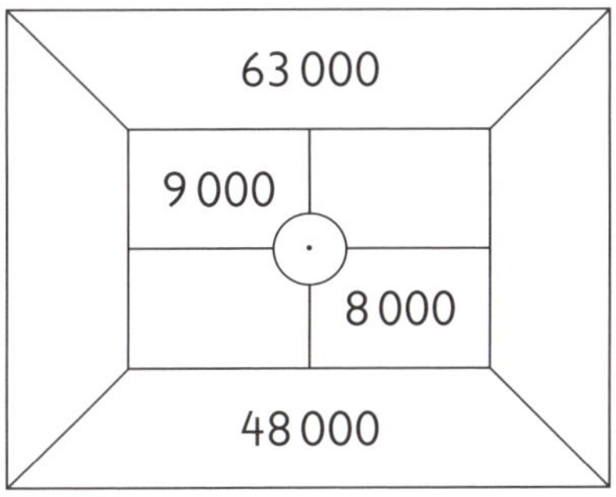

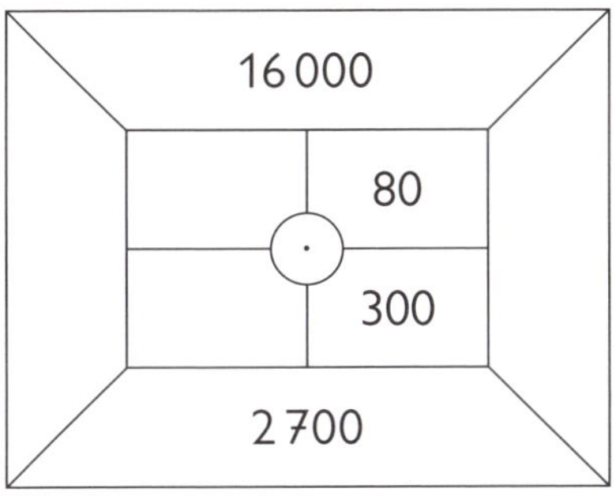

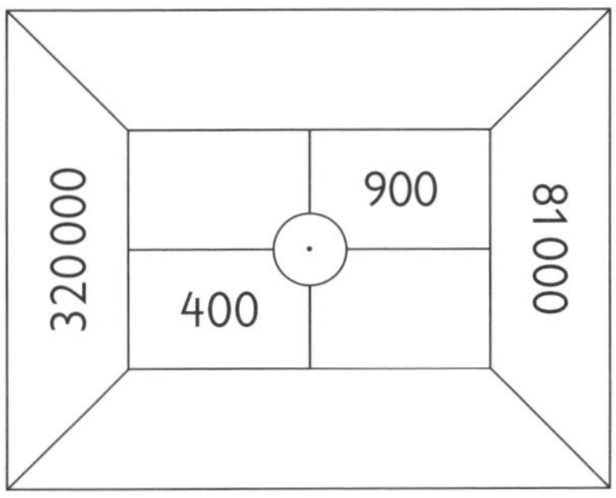

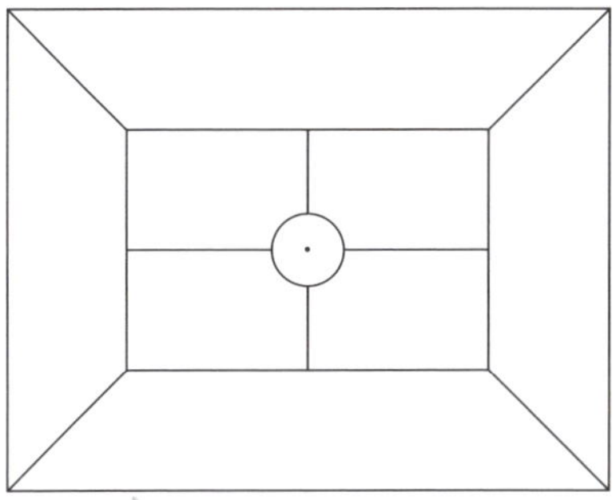

④ Finde zu den Ergebniszahlen möglichst viele Multiplikationsaufgaben.

72000 ____

48000 ____

280000 ____

320000 ____

Halbschriftlich multiplizieren

(1) Kreuzzahlrätsel. Rechne auf deinem Weg. Nutze die Rückseite.

waagerecht (→)		senkrecht (↓)	
1	3 · 919	2	5 · 15 703
3	3019 · 8	4	5673 · 8
5	2 · 11827	6	277 · 6
7	112345 · 6	8	9 · 8137
11	3 · 21614	9	2 · 35171
12	7264 · 5	10	3 · 626

(2) Knobeleien rund ums Backen

Verziere die Torten richtig. Wer hat welche Torte bestellt?

__________ __________ __________

1. Die Sahnetorte mit der Kirsche in der Mitte steht außen.
2. Frau Maiers Torte ist mit der Aufschrift „Alles Gute“ verziert. Sie steht nicht in der Mitte.
3. Herrn Juhnkes Torte steht nicht neben Frau Maiers Torte.
4. Rechts von Frau Maiers Torte steht eine Torte mit der Aufschrift „Happy Birthday“.
5. Eine Torte gehört Familie Schulze.

Bäcker Beck verkauft 252 Brötchen. Davon sind 3-mal so viele Weizenbrötchen wie Roggenbrötchen und doppelt so viele Roggenbrötchen wie Vollkornbrötchen.

Es sind ______ Weizenbrötchen,
______ Roggenbrötchen,
______ Vollkornbrötchen.

Hätte Bäcker Beck 4-mal so viele Hörnchen verkauft, hätte er gleich viele Hörnchen und Rosinenbrötchen verkauft. Er hat 216 Brezeln verkauft. Das sind doppelt so viele wie Rosinenbrötchen.

Es waren ______ Hörnchen,
______ Rosinenbrötchen,
______ Brezeln.

Schriftlich multiplizieren 1

① Überschlage zuerst. Rechne dann schriftlich.

a) Ü:

5 2 7 5 3 · 4

b) Ü:

6 3 0 5 7 · 9

② a) Finde durch Überschlagen heraus, wie du die Aufgaben ergänzen kannst, so dass die Ergebnisse passen.

Ergebnis kleiner als 20 000

Ergebnis zwischen 20 000 und 30 000

Ergebnis größer als 30 000

A 7189 · 3

B 3094 · ___

C 2687 · ___

D 7513 · ___

E 6215 · ___

F 9999 · ___

G 3978 · ___

H 3475 · ___

b) Rechne deine Aufgaben zur Kontrolle schriftlich.

A 7 1 8 9 ·

B

C

D

E

F

G

H

c) Finde jeweils eine eigene passende Aufgabe.

☐☐☐☐ · ☐ ☐☐☐☐ · ☐ ☐☐☐☐ · ☐

③ Mit welcher Zahl wurde multipliziert? Überschlage zuerst. Trage dann ein.

a) 5 3 1 4 · ☐ = 3 1 8 8 4

b) 4 9 7 2 · ☐ = 1 9 8 8 8

c) 6 4 0 9 · ☐ = 5 7 6 8 1

d) 9 8 5 7 · ☐ = 4 9 2 8 5

e) 3 9 4 6 · ☐ = 2 7 6 2 2

f) 9 2 7 8 · ☐ = 2 7 8 3 4

g) 2 3 5 8 · ☐ = 1 8 8 6 4

h) 1 4 6 9 · ☐ = 8 8 1 4

④ Überschlage. Ergänze dann die fehlenden Ziffern.

a) ☐ 8 4 7 · 4 = 3 5 ☐ ☐ 8

b) ☐ ☐ 0 ☐ · 3 = 1 3 2 1 5

c) 6 2 ☐ 9 · ☐ = ☐ 9 9 9 2

d) 5 3 4 ☐ · 6 = 3 2 ☐ 7 6

e) 1 ☐ 9 3 4 · 7 = 1 1 1 5 ☐ 8

f) 2 ☐ 5 ☐ 7 · 5 = 1 3 2 5 8 5

g) ☐ 7 8 1 3 · 9 = 1 6 0 3 ☐ 7

h) 4 ☐ 3 2 1 · 4 = ☐ 9 7 ☐ 8 4

Schriftlich multiplizieren 2

1. Markiere die Fehler in dieser Aufgabe farbig.
   Beschreibe, welche Fehler gemacht wurden. Rechne richtig.

2	4	8	0	·	3	4	9
			7	4	4	0	
			9	9	2	4	
				8	6	2	0
		1	2	1			
		1	7	2	2	6	0

A Übertrag vergessen

B Null am Ende vergessen

C Multiplikationsfehler

D Additionsfehler

E falsch untereinander geschrieben

Diese Fehler habe ich entdeckt: ______________________

____

____

____

2. Super-Päckchen! Rechne. Wie geht es weiter?

a)
2 425 · 25 = ________
2 426 · 25 = ________
2 427 · 25 = ________
______ · ___ = ________
______ · ___ = ________

b)
450 · 800 = ________
900 · 400 = ________
1 800 · 200 = ________
______ · ___ = ________
______ · ___ = ________

Beschreibe jeweils, was dir an den Produkten auffällt. Finde eine Begründung.

a) Das Produkt ______________________
weil ______________________

____

b) ______________________

____

____

3. Finde jeweils zwei Nachbarzahlen zwischen 130 und 140 (z.B. 132, 133), die die folgenden Produkte ergeben.

17 030 | 19 182 | 18 906 | 18 090

1 Die Klasse 4a kauft für ihren Stand auf dem Schulfest ein. Dies ist ihr Einkaufszettel für 100 Portionen Obstsalat.

3 kg	Bananen
2 kg	Kiwis
4,5 kg	Äpfel
3 kg	Orangen
1,5 kg	Trauben
2,5 kg	Birnen
10	Becher Sahne
4	Packungen Vanilleeis

a) Wie viel muss eine Portion Obstsalat beim Verkauf mindestens kosten, damit die Klasse keinen Verlust macht?

____

b) Alle 100 Portionen werden verkauft. Nach Abzug der Einkaufskosten hat die Klasse fast 55 € Gewinn für die Klassenkasse gemacht. Wie teuer war eine Portion Obstsalat?

____

2 Ergänze die Tabellen. Nutze die Rückseite für Rechnungen.

a) Tomaten

Gewicht	1 kg	2 kg	3 kg	5 kg
Preis	1,98 €			

b) Paprika

1 kg	2 kg	4 kg	6 kg	8 kg
	5,98 €			

c) Wurst

100 g		500 g	700 g	900 g
	2,58 €	6,45 €		

d) Käse

200 g	250 g	600 g	750 g	
1,56 €				7,80 €

Sachrechnen – Im Zoo

1 Viele Tiere können sehr weit springen.
Ihre Sprungweite beträgt ein Vielfaches ihrer Körperlänge.

a) Ergänze die Tabelle.

Tier	Körperlänge	Sprungweite	Sprungweite beträgt das -fache der Körperlänge
Fuchs	65 cm		4
Löwe	195 cm		2
Tiger		6 m	2
Heuschrecke	7 cm	210 cm	
Känguru	150 cm	12 m	

b) Wie ist das ungefähr bei dir und deinen Freunden? Probiert aus, messt und tragt hier ein.

Name	Körperlänge	Sprungweite	Sprungweite beträgt das -fache der Körperlänge

2 Ein Flusspferd ist etwa 5-mal so schwer wie eine Giraffe.
Ein Elefant wiegt ungefähr 12-mal so viel wie ein Dromedar.
Ein Dromedar wiegt etwa halb so viel wie eine Giraffe.

1 Tonne = 1000 Kilogramm
1 t = 1000 kg

Wie schwer sind die einzelnen Tiere, wenn ein Flusspferd 4 t wiegt?

Giraffe: ____________ Dromedar: ____________ Elefant: ____________

3 Die Büffel Max, Moritz und Wilhelm wiegen zusammen 2 670 kg. Moritz wiegt 160 kg mehr als Max. Wilhelm wiegt 110 kg weniger als Moritz. Wie schwer sind Max, Moritz und Wilhelm?

Max: ____________

Moritz: ____________

Wilhelm: ____________

Tonne, Kilogramm, Gramm

(1) Wie gehst du vor? Schreibe deine Überlegungen und Rechnungen auf.

Der Elefant wiegt ____________.

(2) Wie viel Liter Heizöl (Benzin, Flüssiggas) wiegen etwa so viel wie 1000 l Wasser?

1 l Heizöl wiegt 0,86 kg.
1 l Benzin wiegt zwischen 720 g und 775 g.
1 l Flüssiggas wiegt 510 g.

a) Notiere zuerst deine Schätzungen.

Heizöl: ____________

Benzin: ____________

Flüssiggas: ____________

b) Rechne. Du kannst die Werte runden.

Liter und Milliliter

(1) Zur Familie Berger gehören fünf Personen.
Zusammen verbrauchen sie täglich folgende Wassermengen.

Ernährung: 25 l

Duschen / Baden: 185 l

Toilettenspülung: 136 l

Waschmaschine: 51 l

Geschirrspüler: 38 l

Bewässerung von Pflanzen: 25 l

Stelle den täglichen Wasserverbrauch von Familie Berger in einem Balkendiagramm dar.

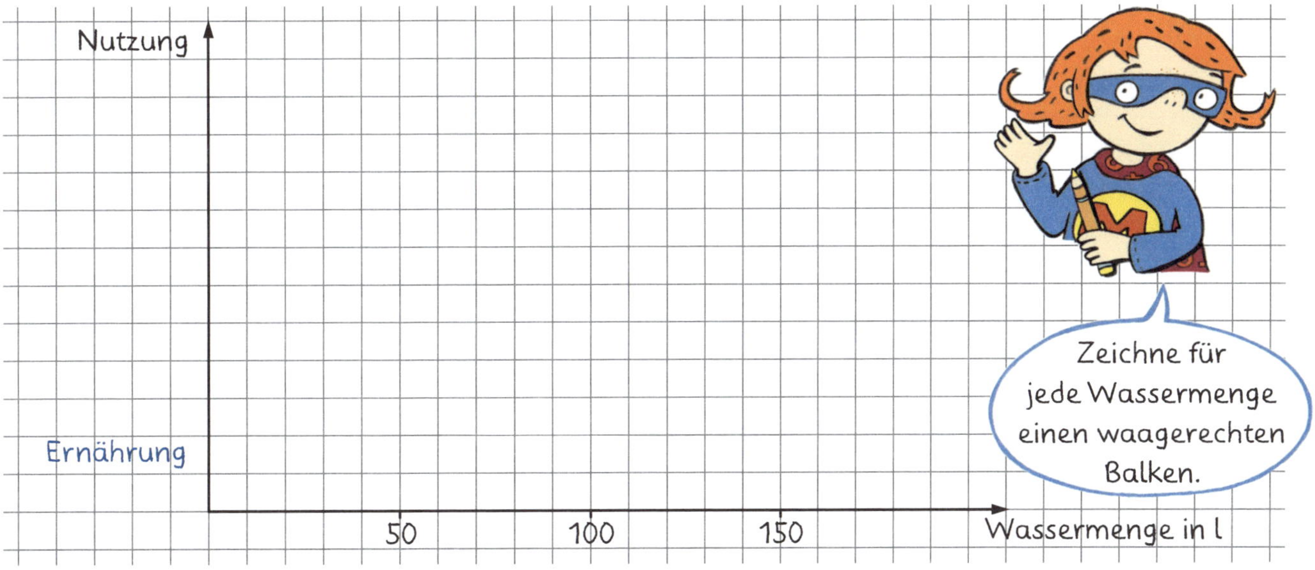

(2) Nutze die Rückseite für deine Rechnungen.

a) Wie viele Liter Wasser verbraucht Familie Berger täglich insgesamt? ____________________

b) Wie viele Liter Wasser verbraucht Familie Berger ungefähr im Monat? ____________________

c) Wie viele Liter Wasser verbraucht Familie Berger ungefähr jährlich? ____________________

(3) Beobachte eine Woche lang, wofür du Wasser verbrauchst.
Schätze die ungefähre Menge und halte deine Ergebnisse in der Tabelle fest.

Wochentag / dafür brauche ich Wasser							

Mein Gesamtwasserverbrauch in einer Woche: ____________

Gewicht und Rauminhalt

(1) Familie Beyer (4 Personen) verbraucht pro Woche folgende Mengen Mineralwasser:

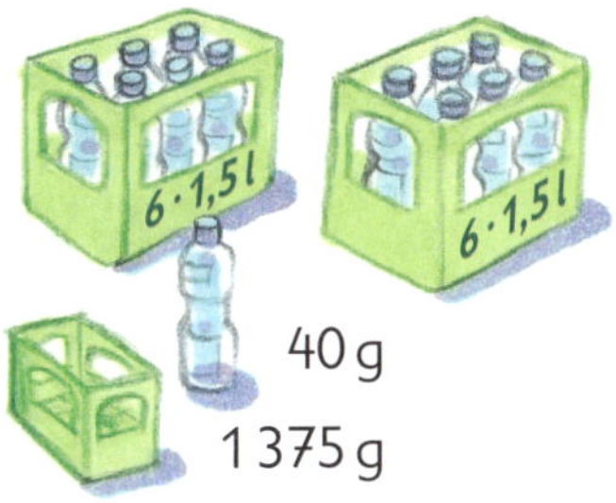

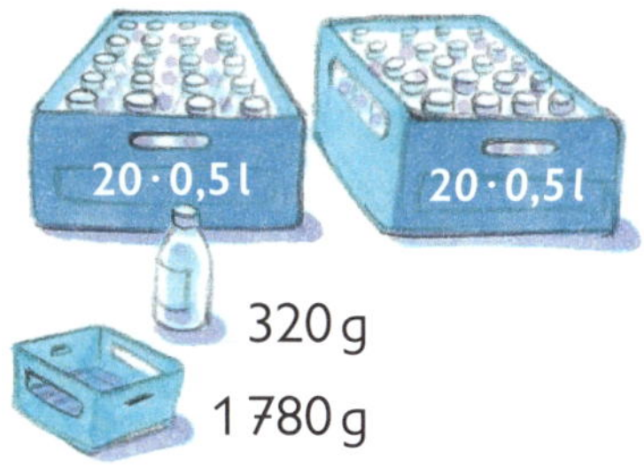

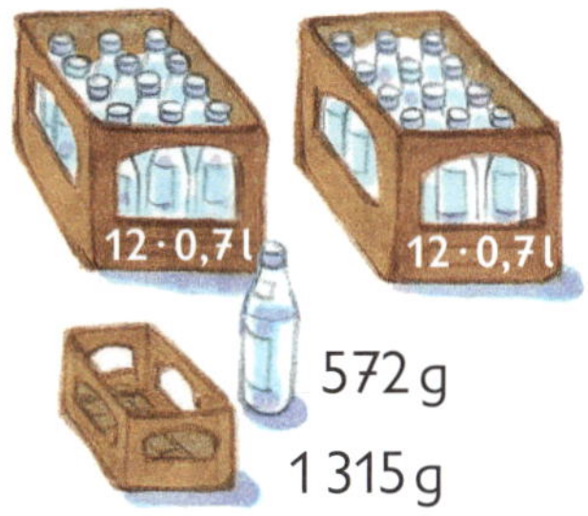

Wie viele Liter Mineralwasser verbraucht die Familie
in einer Woche / in einem Monat / in einem Jahr?
Wie viele Liter verbraucht ein Familienmitglied etwa in diesen Zeiträumen?
Stelle deine Ergebnisse in der Tabelle zusammen.
Nutze die Rückseite für deine Rechnungen.

Wasserverbrauch	in einer Woche	in einem Monat	in einem Jahr
Familie Beyer			
pro Familienmitglied			

(2) **a)** Wie viel wiegt das pro Jahr verbrauchte Mineralwasser?

____

b) Vergleiche den Jahresverbrauch mit dem Gewicht des Wassers, das in ein Planschbecken (Länge 1,60 m, Breite 1,60 m, Höhe 50 cm) passt.

____

(3) Wie viel wiegt der gesamte Mineralwassereinkauf der Familie für eine Woche?

____

Senkrecht und parallel

1 a) Zeichne die Spirale weiter.

b) Die 1. Strecke und die 2. Strecke sind je 1 cm lang. Trage weiter ein.

Strecke	1.	2.	3.	4.	5.	6.
Länge (cm)	1	1				

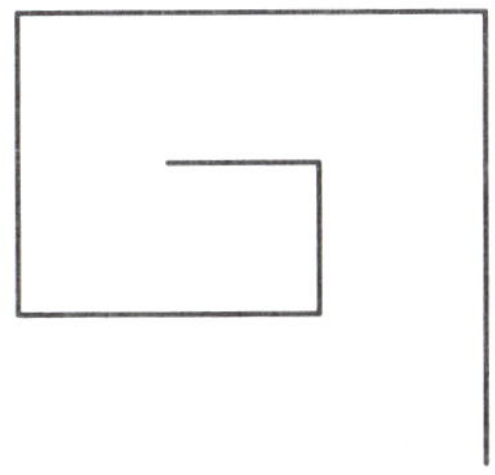

c) Die 20. Strecke ist ______ cm lang.
Die 99. Strecke ist ______ cm lang.

2 Vermute zuerst, welche Figur entsteht. Zeichne dann.

1. Zeichne zwei gleich lange Strecken $\overline{DE}$ und $\overline{CE}$. $\overline{DE}$ soll senkrecht sein zu $\overline{CE}$.
2. Zeichne durch die Punkte D und C die Strecke $\overline{CD}$.
3. Zeichne eine Strecke $\overline{AD}$. Sie soll senkrecht sein zur Strecke $\overline{CD}$ und von E wegführen.
4. Zeichne eine eine Stecke $\overline{BC}$, die ebenso lang ist wie die Strecke $\overline{AD}$. Sie soll senkrecht sein zur Strecke $\overline{CD}$ und von E wegführen.
5. Zeichne durch die Punkte A und B die Strecke $\overline{AB}$.

Es entsteht:

____

M Die Strecke $\overline{DE}$ ist eine gerade Linie, die von den Punkten D und E begrenzt wird.

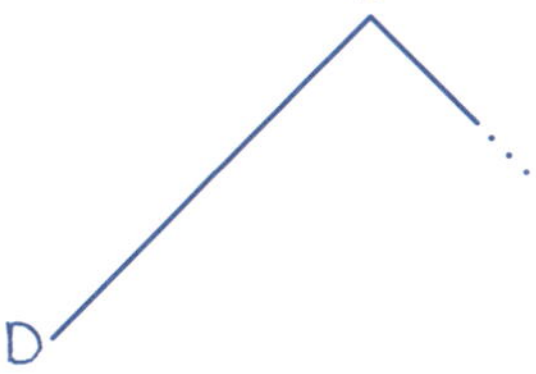

3 Logisch, oder? Ergänze das passende Zeichen. Zeichne zur Kontrolle.

A Wenn a||b und b||c, dann ist a ____ c.

B Wenn a⊥b und c⊥b, dann ist a ____ c.

C Wenn a||b und c⊥a, dann ist b ____ c.

D Wenn a⊥b und a⊥c und d||a, dann ist d ____ c und d ____ b.

M Benutze diese Zeichen: || und ⊥
a||b heißt: a ist parallel zu b.
a⊥b heißt: a ist senkrecht zu b.

Das kann ich schon!

① Multiplizieren mit Stufenzahlen

Bilde Aufgaben. Das Ergebnis soll größer als 20 000 und kleiner als 40 000 sein.

5000 · ·5 · ·3 · 9000 · 7000 · ·4

② Schriftlich multiplizieren

Prüfe die Aufgaben. Markiere Fehler farbig. Beschreibe, welche Fehler gemacht wurden.

a)

7	1	8	·	4	
	2	8	4	2	

b)

2	1	3	·	2	4
		4	2	6	
		8	5	2	
	1	2	7	8	

c)

6	1	9	·	4	0	8
	2	4	7	6	0	
			4	9	5	2
		1	1			
	2	5	2	4	5	2

③ Rauminhalte

Nutze die Rückseite für deine Rechnungen.

a) Wie viele Zentimeterwürfel passen in diesen Quader?

ⓑ Alle Kantenlängen werden verdoppelt. Wie groß ist der Rauminhalt jetzt?

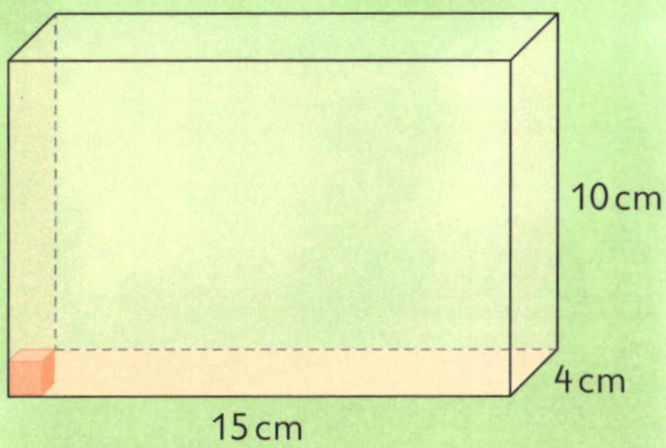

ⓒ Vergleiche die Ergebnisse von a) und b). Was fällt dir auf?

④ Senkrecht und parallel

Zeichne zwei Geraden, die im Abstand von 1,5 cm parallel zueinander verlaufen. Zeichne eine dritte Gerade, die senkrecht zu den Parallelen verläuft.

Dividieren

(1) Achtung Nullen! Wie viele Stellen hat das Ergebnis? Überschlage. Verbinde.

Das Ergebnis ist …

54 000 : 6	… 2-stellig	355 000 : 5
5 680 : 80	… 3-stellig	279 000 : 900
728 000 : 8 000	… 4-stellig	520 000 : 4 000
280 000 : 7	… 5-stellig	7 500 : 300

(2) Zerlege die Zahlen im Kopf und rechne.

a)

: 8	
64 560	
3 272	
560 400	

b)

: 7	
42 350	
6 328	
749 000	

c)

: 3	
9 150	
27 600	
480 990	

(3) Super-Päckchen! Rechne. Wie geht es weiter?

a)
3 720 : 6 = ______
3 774 : 6 = ______
3 828 : 6 = ______
______ : ___ = ______
______ : ___ = ______
______ : ___ = ______

b)
16 240 : 4 = ______
16 240 : 8 = ______
32 480 : 4 = ______
______ : ___ = ______
______ : ___ = ______
______ : ___ = ______

(4)

A Dividiere die Summe aus 44 604 und 40 050 durch die Differenz von 204 und 198.
Lösung: ______________

B Dividiere das Produkt der Zahlen 640 und 80 durch 20.
Lösung: ______________

Schriftlich dividieren

① Überschlag – Rechnung – Probe

a) **A** Ü: : 4 =

4936 : 4 =

P: · 4

B Ü:

9872 : 4 =

P:

b) **A** Ü:

28890 : 3 =

P:

B Ü:

28890 : 9 =

P:

ⓒ Vergleiche bei **a)** und **b)** jeweils Aufgaben und Ergebnisse. Was fällt dir auf? Begründe.

② Im Schwimmbad waren heute viermal so viele Kinder wie Erwachsene. Die Besucherzahl betrug insgesamt 270.

SB ▸ 74/75 AH ▸ 37 E ▸ 38

Schriftliches Dividieren üben

(1) Wie viele Besucher hatten die Museen im Durchschnitt pro Monat?

	Kunsthalle	Naturwissenschaftliches Museum
Sep.	2171	1566
Okt.	5350	1230
Nov.	2763	971
Dez.	5332	1421

(2) Gehe auf Fehlersuche. Markiere die falschen Stellen. Beschreibe die Fehler.
Korrigiere die Rechnung a). Rechne b) neu.

a) 67140 : 6 = 1119
−6
07
− 6
11
− 6
54
−54
0

b) 77643 : 9 = 8604 R7
−72
56
−56
04
− 0
43
−36
7

(3) Welche Ziffern fehlen?

a) __ 30 __ : 8 = 2 __ __ 3
− 16
33
− __ __
__ 0
− 8
2 __
− 2 __
0

b) 25 __ __ 4 : 7 = __ 61 __
− __ __
__ __
− __ __
08
− __
__ __
− __ __
0

Rechnen braucht Regeln

(1) Rechne zuerst und ordne zu. Schneide aus und klebe auf.

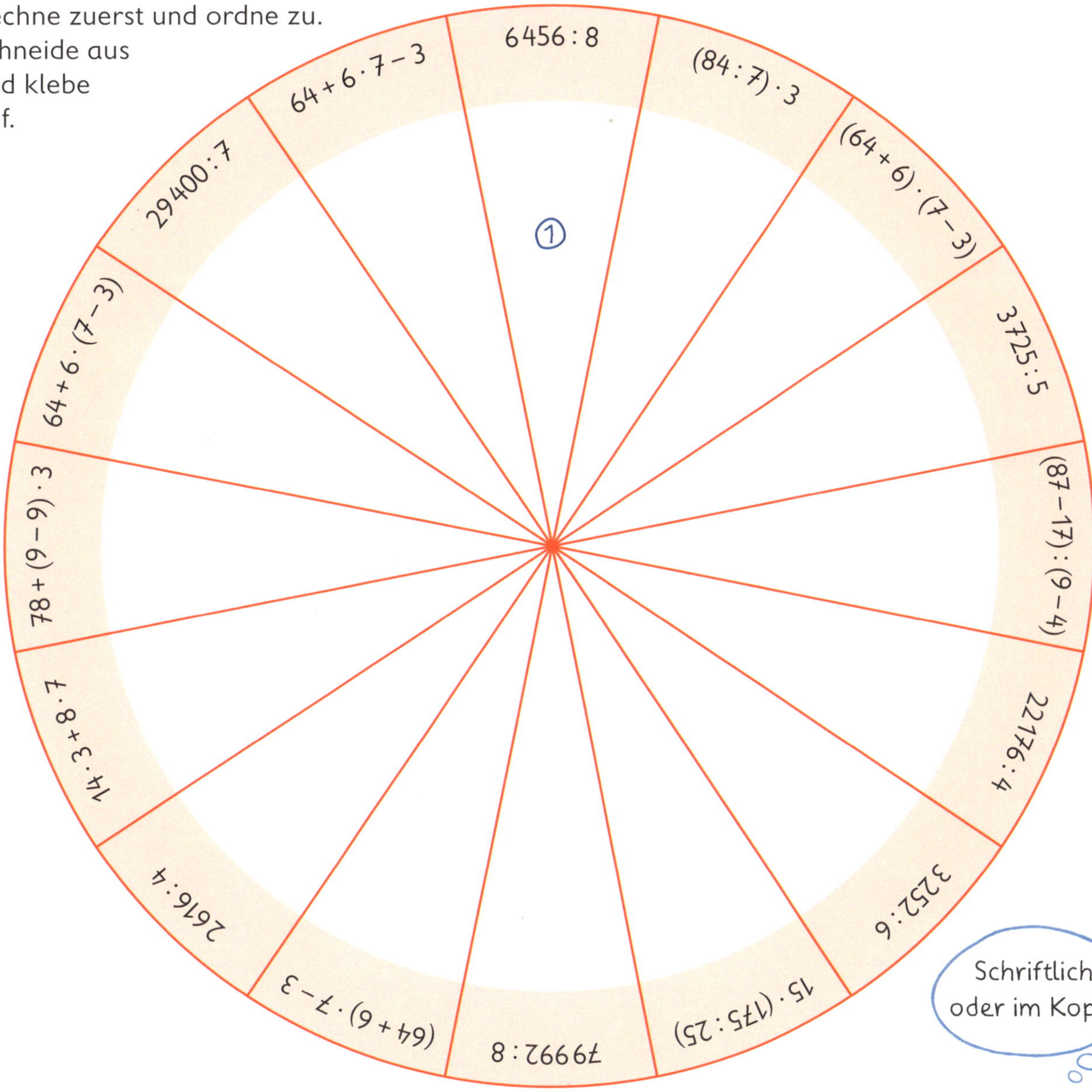

Schriftlich oder im Kopf?

Der Taschenrechner

1 a) Schöne Aufgaben. Wie geht es weiter?
Berechne mit dem Taschenrechner die ersten zwei Ergebnisse. Die weiteren Lösungen kannst du im Kopf bestimmen.

271 · 41 = ______
271 · 82 = ______
271 · 123 = ______
271 · 164 = ______

271 · 205 = ______
______ · ______ = ______
______ · ______ = ______
______ · ______ = ______
______ · ______ = ______

b) Was fällt dir auf?

______

______

2 a) Multipliziere folgende Zahlen mit 111.

15 · 111 = ______ 36 · ______ = ______
18 · ______ = ______ 54 · ______ = ______
27 · ______ = ______ 63 · ______ = ______

b) Multipliziere diese Zahlen auf der Rückseite auch mit 11 und 1111. Löse nur die ersten Aufgaben mit dem Taschenrechner, alle weiteren im Kopf.

c) Was stellst du fest?

______

d) Erprobe eigene Aufgaben. Notiere sie auf die Rückseite. Funktioniert es mit allen Zahlen?

______

3 Ergänze die Rechenzeichen.

a) 632 ◯ (4050 ◯ 90) = 677
b) (1267 ◯ 342) ◯ 25 = 37
c) (45 ◯ 17) ◯ 235 = 1000
d) (598 ◯ 13) ◯ 27 = 1242
e) 32 ◯ (14 ◯ 23) = 354
f) 42 ◯ (75 ◯ 46) = 1218

4 Finde jeweils mehrere Aufgaben zu den folgenden Ergebnissen.
In jeder Aufgabe soll mindestens eine Klammer vorkommen.

a) 490 b) 6666 c) 45000 d) 14676

Dividieren von Kommazahlen

1 a) Suche dir eine Aufgabe, die du im Kopf rechnen kannst. Rechne sie zuerst und bestimme dann auch die Ergebnisse der anderen Aufgaben im Kopf.

1305,2 kg : 4 = ________

1305,2 kg : 2 = ________

2610,4 kg : 2 = ________

2610,4 kg : 4 = ________

5220,8 kg : 4 = ________

5220,8 kg : 8 = ________

b) Überprüfe die erste und die letzte Aufgabe durch schriftliches Rechnen.

1305,2 kg : 4 =

5220,8 kg : 8 =

2 a) Die Klasse 4a hat im zweiten Halbjahr vier Mathematikarbeiten geschrieben. Aus den vier Einzelnoten wird die durchschnittliche Note für das Halbjahr berechnet.

	Lea	Mio	Nele	Max	Maria	Ali
Note 1	1	4	2	1	2	1
Note 2	2	5	4	3	2	1
Note 3	3	4	3	3	2	1
Note 4	2	3	3	1	2	1
schriftliche Note	2					

Lea
1 + 2 + 3 + 2 = 8
8 : 4 = 2

b) Die mündlichen Noten hat die Lehrerin schon mit einer Stelle hinter dem Komma berechnet. Für die Zeugnisnote zählt die schriftliche Note doppelt, die mündliche einfach. Die Summe wird durch 3 dividiert. Rechne bis auf eine Stelle nach dem Komma. Ab der 5 nach dem Komma gibt es die schlechtere Note. Nutze die Rückseite für Rechnungen.

	Lea	Mio	Nele	Max	Maria	Ali
schriftlich	2					
mündlich	3,4	2,2	1,5	1	1,3	2,5
Summe	7,4					
Zeugnisnote	2					

Lea
2 + 2 + 3,4 = 7,4
7,4 : 3 = 2,4 → Note 2
− 6
14
− 12
2

3 Im Sportunterricht setzt sich die Zeugnisnote so zusammen: Die Durchschnittsnote aller sportlichen Leistungen zählt doppelt, jeweils einfach zählen die Note für Mitarbeit und Fairness. Berechne die Zeugnisnoten.

	Lea	Mio	Nele	Max	Maria	Ali
sportliche Leistung	3,1	2,2	1,8	3,1	1,3	2,3
Mitarbeit	2	3	2	2	2	1
Fairness	2	2	3	1	1	2
Summe						
Zeugnisnote						

Parkettierungen / Flächeninhalt

(1) Bestimme den Flächeninhalt. Die Abkürzung für Quadratzentimeter ist cm^2.

a) 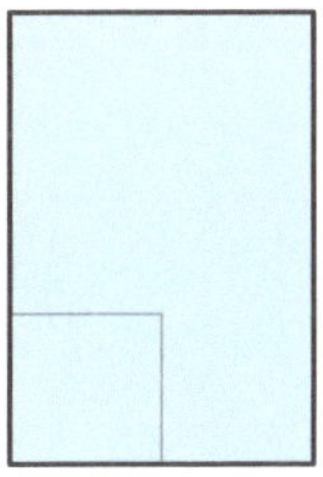

____ cm^2

b) 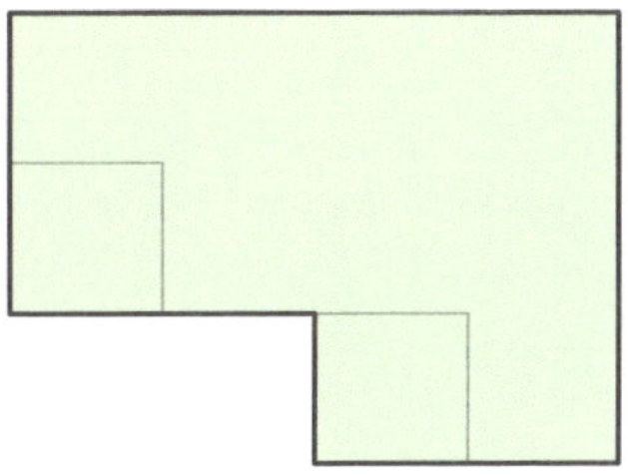

____ cm^2

c) 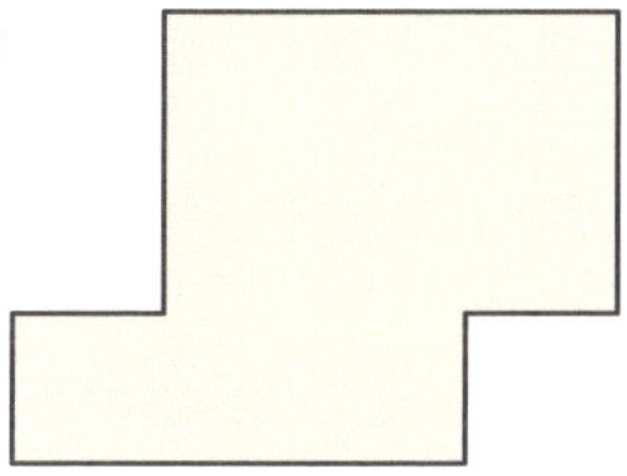

____ cm^2

(2) a) Ein Rechteck ist 6 cm lang und 2 cm breit. Wie verändert sich sein Flächeninhalt, wenn du die Länge halbierst und die Breite verdoppelst?

____

b) Verändere auch bei diesen Rechtecken Länge und Breite wie in a) und berechne die Flächeninhalte:

A Länge: 8 cm, Breite: 3 cm
B Länge: 5 cm, Breite: 1 cm

Was stellst du fest?

____

c) Ist das immer so? Findest du eine Begründung? **Tipp:** Eine Skizze hilft dir.

____

____

Quadratmeter / Umfang

1 Wahr oder falsch?
Wenn du dich für „falsch“ entscheidest, notiere unten ein Beispiel, das zeigt, dass die Aussage falsch ist.

A Haben Flächen den gleichen Flächeninhalt, ist auch ihr Umfang gleich.
☐ wahr ☒ falsch

B Wenn man die Länge eines Rechtecks halbiert und die Breite verdoppelt, bleibt der Flächeninhalt gleich.
☐ wahr ☐ falsch

C Wenn man Länge und Breite eines Rechtecks verdoppelt, verdoppelt sich der Flächeninhalt.
☐ wahr ☐ falsch

D Die Maßzahl des Flächeninhalts eines Quadrates ist immer eine Quadratzahl.
☐ wahr ☐ falsch

E Es gibt kein Rechteck, bei dem die Maßzahl für den Flächeninhalt und die Maßzahl für den Umfang gleich sind.
☐ wahr ☐ falsch

F 1 Quadratmeter hat den Flächeninhalt 1000 Quadratzentimeter.
☐ wahr ☐ falsch

G Ist die Maßzahl des Flächeninhalts eines Rechtecks gerade, dann sind auch die Maßzahlen seiner Länge und Breite gerade.
☐ wahr ☐ falsch

H Um den Umfang eines Würfelnetzes zu berechnen, muss man die Kantenlänge des Würfels mit 14 multiplizieren.
☐ wahr ☐ falsch

A: Länge: 2 cm, Breite: 6 cm, Flächeninhalt: 12 cm^2, Umfang: 16 cm, aber:
Länge: 3 cm, Breite: 4 cm, Flächeninhalt: 12 cm^2, Umfang: 14 cm

Häufigkeit und Wahrscheinlichkeit

(1) Spiel mit dem Glücksrad

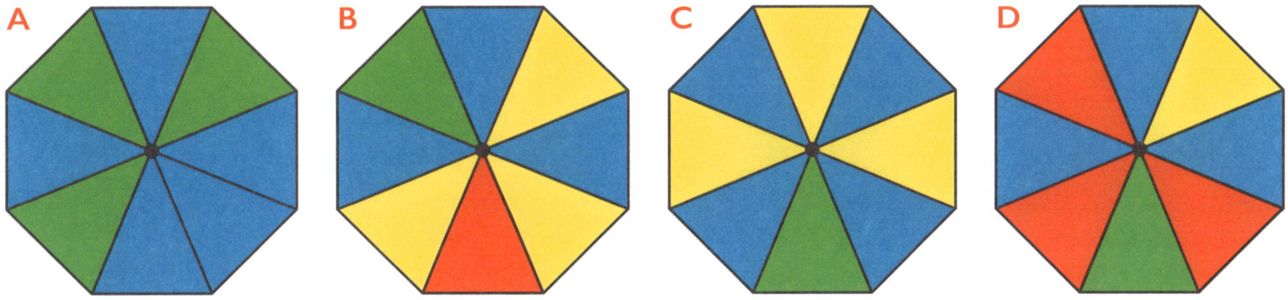

- Hauptpreis! (grün)
- Überraschungspreis (rot)
- Trostpreis (gelb)
- Niete – leider verloren (blau)

a) Bei welchem Glücksrad ist die Wahrscheinlichkeit für eine Niete 3-mal so groß wie für den Überraschungspreis? __

b) Du möchtest den Hauptpreis oder den Überraschungspreis gewinnen. Bei welchem Rad ist die Wahrscheinlichkeit am größten, einen der beiden Preise zu erhalten? __

c) An welchem Rad sind die Chancen für einen Gewinn genau so groß wie für eine Niete? __

d) Ein Überraschungspreis kostet den Glücksradbesitzer doppelt so viel wie ein Trostpreis. Welches der vier Glücksräder sollte er auf dem Jahrmarkt aufstellen? Begründe.

____
____
____
____
____

(2) Bei diesem Glücksrad soll es Felder für Hauptpreis, Überraschungspreis, Trostpreis und Niete geben.

a) Male das Glücksrad so an, dass alle drei Aussagen zutreffen.

Die Wahrscheinlichkeit, eine Niete zu bekommen, ist doppelt so groß wie dafür, einen Trostpreis zu gewinnen.	Die Chancen, einen Preis zu gewinnen, sind genauso groß wie dafür, eine Niete zu bekommen.	Die Chance für einen Überraschungspreis ist halb so groß wie für einen Trostpreis.

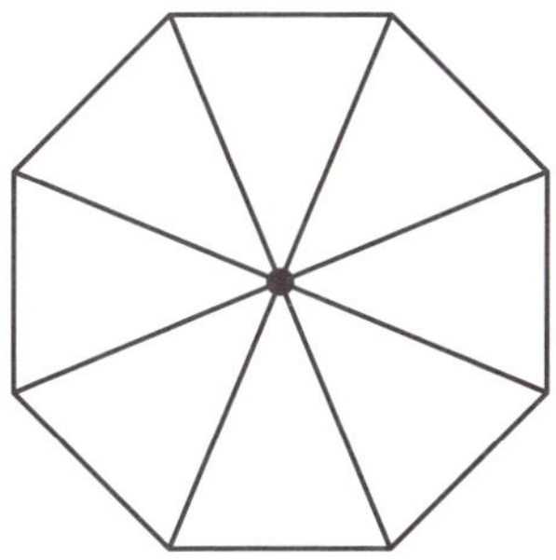

- Hauptpreis (grün)
- Überraschungspreis (rot)
- Trostpreis (gelb)
- Niete (blau)

b) Ergänze die Aussage.

Die Chance, den Hauptpreis zu gewinnen, ist ______________
____
____

1 Zum Sportfest der Schule wird ein Elterncafé aufgebaut. Die Klasse 4a organisiert die Tischdekoration. Dazu hat sie Papiertischdecken in den Farben weiß, gelb und rot besorgt. Auf jedem Tisch soll eine Vase mit Blumen auf einer Serviette stehen. Es gibt Vasen aus Glas und aus Porzellan. Bei den Servietten haben die Kinder blaue, gelbe und rote zur Auswahl.

a) Zeichne das Baumdiagramm zu Ende.

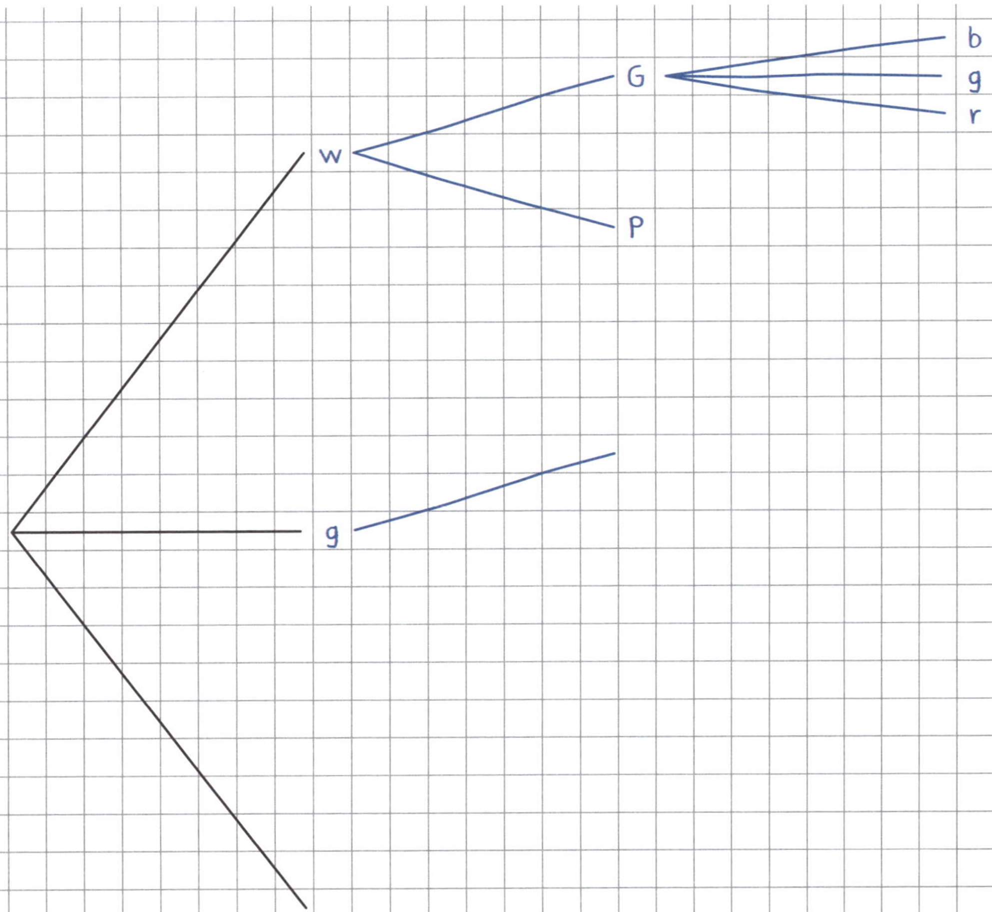

b) Wie viele verschiedene Möglichkeiten haben die Kinder, um die Tische zu dekorieren? ____

c) Notiere eine Aufgabe, mit der du diese Anzahl berechnen kannst.

____

2 Vom letzten Klassenfest sind noch weiße Servietten und blaue Tischdecken übrig, die für das Elterncafé genutzt werden können.
Wie verändert sich die Anzahl der Möglichkeiten, die Tische zu dekorieren?

Das kann ich schon!

① Geschickt in Tabellen rechnen

Berechne jeweils den Grundpreis.

a) 375 g kosten 1,62 €.

Menge (g)				
Preis (€)				

b) 350 ml kosten 0,84 €.

Menge (ml)				
Preis (€)				

② Rechenregeln

Bilde Aufgaben, in denen die drei Zahlen je einmal vorkommen.
In jeder Aufgabe soll immer eine Punkt- und eine Strichrechnung enthalten sein.
Du kannst auch Klammern setzen. Die Ergebnisse der vier Aufgaben sind vorgegeben.

a) 5 | 6 | 24

Ergebnisse: 6, 54, 90, 150

b) 20 | 30 | 150

Ergebnisse: 6, 15, 25, 750

③ Flächeninhalt und Umfang

Ein Landwirt zäunt eine rechteckige Weidefläche ein.
Die Umzäunung hat eine Länge von 32 m.

a) Welche Maße kann die Weidefläche haben?
Finde zwei Beispiele. Zeichne auf der Rückseite.
Zeichne ein Kästchen für 1 m Länge.

A Länge: ______ m
Breite: ______ m
Fläche: ______ Quadratmeter

B Länge: ______ m
Breite: ______ m
Fläche: ______ Quadratmeter

b) Der Landwirt hat die größtmögliche Fläche eingezäunt,
die er mit der Umzäunung von 32 m Länge erreichen konnte.
Welche Maße hat die Weide? Wie groß ist diese Fläche?

____

____

Zeitpunkte und Zeitspannen

1 Wie alt bist du? Diese Frage ist natürlich schnell zu beantworten. Hast du aber auch einmal darüber nachgedacht, wie viele Monate, Tage oder sogar Stunden du alt bist?

a) Ergänze zunächst den Merkzettel.

b) Berechne dein Alter in Monaten, in Tagen und auch in Stunden.
Nutze für deine Rechnungen die Rückseite.

Mein Alter in Monaten: ___________

Mein Alter in Tagen: ___________

Mein Alter in Stunden: ___________

MERKZETTEL

1 Jahr = ________ Monate

1 Jahr = ________ Tage

1 Schaltjahr = ________ Tage

Schaltjahre ab 1996:
1996, 2000, 2004, 2008, 2012

---

2 Zeitzonen
Die Welt ist in Zeitzonen eingeteilt.
Bei uns in Deutschland gilt die Mitteleuropäische Zeit (MEZ).

a) Wie viel Uhr ist es in den verschiedenen Städten?

Los Angeles USA	London England	Berlin Deutschland	Istanbul Türkei	Tokio Japan
________	________	3 Uhr	________	________
Zeitunterschied zu MEZ − 9 Stunden	Zeitunterschied zu MEZ − 1 Stunde	MEZ	Zeitunterschied zu MEZ + 1 Stunde	Zeitunterschied zu MEZ + 8 Stunden

b) Was willst du wissen? Nutze für Rechnungen die Rückseite. Was weißt du jetzt?

A Ali besucht seine Oma in der Türkei.
Um 15.00 Uhr ruft er seine Eltern in Deutschland an.

____

____

B Toms Vater ist in London.
Um 18.00 Uhr erwartet Tom zu Hause seinen Anruf.

____

C Lisa möchte ihrer Freundin Yoshi in Tokio zum Geburtstag gratulieren.
Wann kann sie anrufen, ohne sie zu wecken?

____

D Familie Müller verbringt die Ferien in Los Angeles.
Sie fliegen um 9.45 Uhr in Frankfurt los. Der Flug dauert 11 Stunden 40 Minuten.

____

____

Im Landschulheim machen die Kinder am Abend ein Leseprojekt zum Thema „Märchen“.

(1) Rotkäppchen möchte ihre Oma besuchen, die 12 km entfernt wohnt. Sie geht um 8 Uhr los und schafft 3 km pro Stunde. Der böse Wolf wohnt 9 km von der Oma entfernt. Er schafft doppelt so viele Kilometer wie Rotkäppchen pro Stunde. Wann muss der böse Wolf loslaufen, damit er eine halbe Stunde früher bei der Oma ist, um Rotkäppchen zu überraschen?

____

Nutze eine Skizze. Notiere deine Rechnung.

(2) Die drei kleinen Schweine

Finde heraus, wer wo wohnt.

A Willi wohnt in dem Haus aus Stein, es steht aber nicht rechts von Tillis Haus.
B Das Haus aus Stroh steht in der Mitte.
C Billis Haus ist aus Lehm. Es ist doppelt so hoch wie das Haus aus Stroh.
D Das Haus aus Stein ist dreimal so hoch wie das Haus von Tilli, nämlich genau 4,5 m.
E Im rechten Haus wohnt Billi.

Wie gehst du vor? Nutze die Tabelle oder zeichne eine Skizze auf der Rückseite.

	Häuser		
Standort	links	Mitte	rechts
Material			
Höhe			
Bewohner			

Wähle für die Bearbeitung eine geschickte Reihenfolge.

Trage zuerst die Angaben ein, die du sicher weißt.

Vervollständige die Aussagen.

Im Haus aus Stroh wohnt ____________.

Rechts daneben wohnt ____________ im Haus aus ____________.

____________ wohnt im kleinsten Haus.

Das größte Haus ist das Haus aus ____________. In diesem Haus wohnt ____________.

Symmetrie

1 Färbe die Figur so, dass sie …

a) … drehsymmetrisch ist.

b) … drehsymmetrisch und achsensymmetrisch ist.

c) … achsensymmetrisch, aber nicht drehsymmetrisch ist.

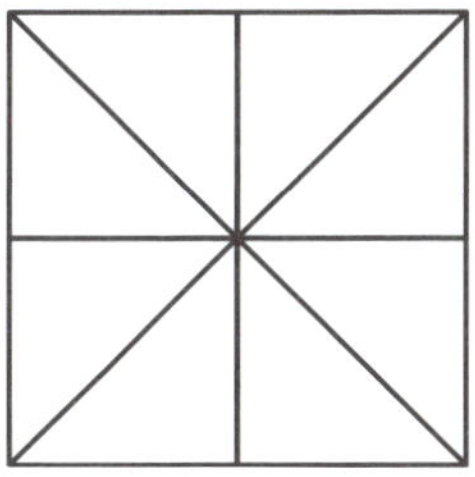

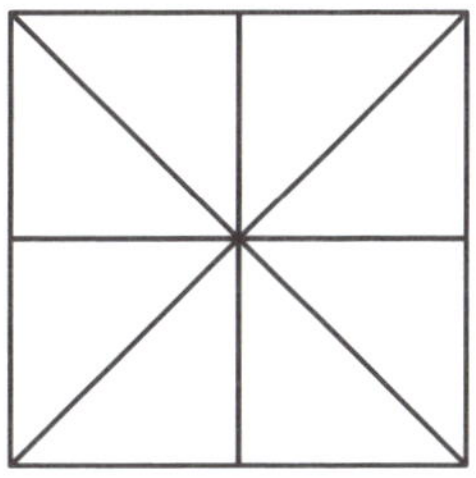

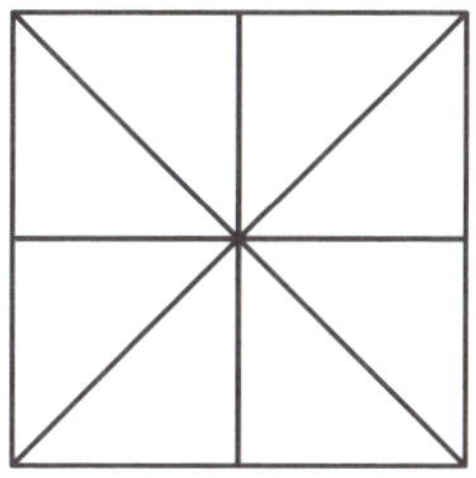

2 Ordne die Figuren zu.

nur drehsymmetrisch: ____________________

nur achsensymmetrisch: ____________________

achsen- und drehsymmetrisch: ____________________

nicht symmetrisch: ____________________

A
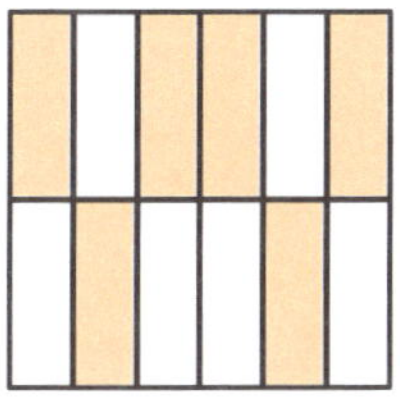

B
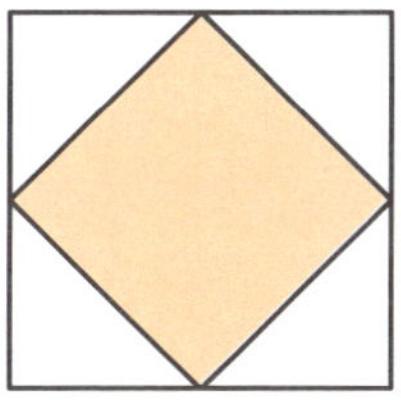

C

D

E

F

G

H

3 Drehe die Figuren in den angegebenen Schritten weiter so oft es geht.
Dein Geodreieck hilft dir. Male aus.

Kreis und Zirkel

①

1. Wähle einen Mittelpunkt M. Zeichne um M einen Kreis mit dem Radius r = 3 cm.
2. Markiere auf der Kreislinie einen beliebigen Punkt A. Zeichne um A mit demselben Radius (r = 3 cm) einen Kreisbogen von M bis zur Kreislinie. Benenne den Schnittpunkt mit B.
3. Zeichne um B mit demselben Radius (r = 3 cm) einen Kreisbogen von M bis zur Kreislinie. Benenne den Schnittpunkt mit C.
4. Arbeite immer so weiter.

② Erfinde ein eigenes Bandornament mit Kreisen oder Bogenteilen. Male es aus.

③ Optische Täuschungen

Quadratisch oder nicht? Prüfe mit dem Geodreieck.

a) 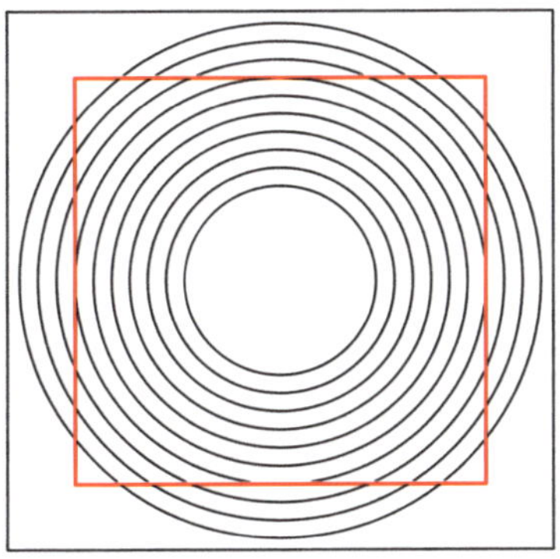

b) 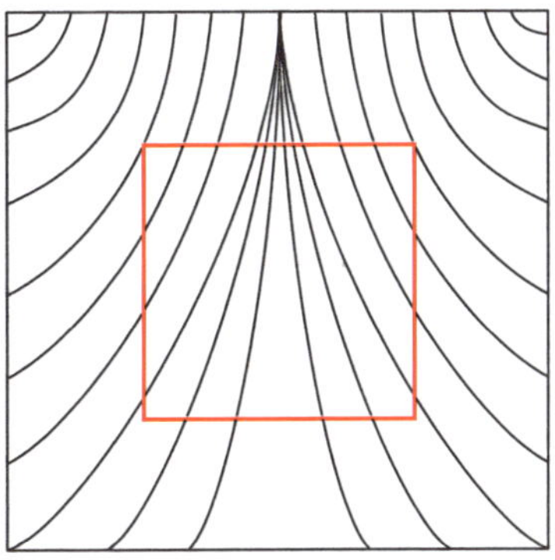

c) 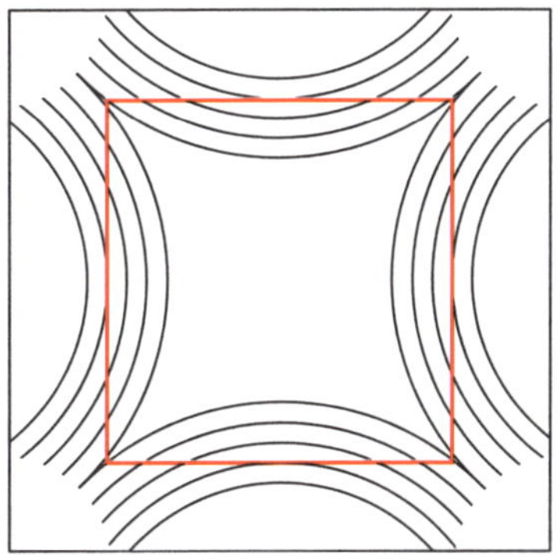

Das Sieb des Eratosthenes

Eratosthenes von Kyrene war ein griechischer Gelehrter. Er wurde um 290 v. Chr. geboren und starb 214 v. Chr. Er berechnete zum Beispiel als Erster den Erdumfang.
Heute ist eine andere Leistung von ihm besonders bekannt: Er entwickelte eine einfache Methode, um die Primzahlen schnell zu bestimmen. Diese Methode nennt man das Sieb des Eratosthenes.

~~1~~	2	3	4	5	6	7	8	9	10
11	12	13	14	15	16	17	18	19	20
21	22	23	24	25	26	27	28	29	30
31	32	33	34	35	36	37	38	39	40
41	42	43	44	45	46	47	48	49	50
51	52	53	54	55	56	57	58	59	60
61	62	63	64	65	66	67	68	69	70
71	72	73	74	75	76	77	78	79	80
81	82	83	84	85	86	87	88	89	90
91	92	93	94	95	96	97	98	99	100

(1) Ermittle mit dem Sieb des Eratosthenes alle Primzahlen bis 100.

a) Siebe (streiche) zunächst die Zahl 1 aus. 1 ist keine Primzahl.

b) Kreise die Primzahl 2 ein. Siebe (streiche) ihre Vielfachen aus.
Warum sind die Vielfachen von 2 keine Primzahlen?

___

c) Die nächste nicht gestrichene Zahl muss wieder eine Primzahl sein.
Warum?

___

Kreise diese Primzahl ein und streiche ihre Vielfachen.

d) Fahre so fort, bis nur noch eingekreiste Primzahlen übrig sind.
Ab welcher eingekreisten Zahl waren in der Hundertertafel alle Vielfachen schon gestrichen? ______

e) Ab welcher Zahl kann man also in der Hundertertafel mit dem Sieben aufhören, weil nur noch die Primzahlen übrig sind? ______
Findest du eine Begründung, weshalb das so ist?

___

___

___

___

(2) Primzahlen bis 100

a) Notiere die Primzahlen bis 100 der Größe nach geordnet.
Versuche dir die Primzahlen bis 30 einzuprägen. Lass dich von einem anderen Kind abfragen.

___

b) Wie viele Primzahlen gibt es im ersten Hunderter? ______

c) Gibt es im zweiten Hunderter genauso viele Primzahlen? Probiere auf der Rückseite.

___

Gleichungen und Ungleichungen

1 Für welche Ziffern stehen die Zeichen?

a)
□◇ − ○ = □□
○ · ☆ = □△
○ + ◇ = □□
○ · ○ = ☆○
◇△ : ○ = □☆

□ = __ ◇ = __
○ = __ ☆ = __
△ = __

b)
○□ · ○□ = ○□□
○□ + ○□ = ☆□
◇ · ▽ = △□
◇□ − △□ = △□
○□□ · ☆ = ☆□□
◇□ : ☆ = △□
▽ · ◇ = △□

○ = __ □ = __ ☆ = __
◇ = __ ▽ = __ △ = __

c)
♡ · ♡ = ○♡
□✲ − ♡ = □○
□△ · □ = □△
□△△ − ○♡ = ✲♡
○♡ : ♡ = ♡

✲♡ : ☆ = ○♡
○♡ + ○♡ = ♡△
✲♡ + ✲♡ = □♡△
○♡ − ♡ = ○△
□△ · □△ = □△△

♡ = __ ○ = __
□ = __ ✲ = __
△ = __ ☆ = __

2 Finde passende Gleichungen oder Ungleichungen. Rechne. Notiere, was du jetzt weißt.

a) Sina hat für den zweiwöchigen Strandurlaub 70 € Taschengeld gespart. Wie viel darf sie höchstens pro Tag ausgeben.

b) Max hat festgestellt, dass er siebenmal so schwer ist wie sein Hund Wuffi.

Forschen und entdecken

① Wie groß ist die Summe aller Zahlen von 1 bis 20? ______

Schneide das rote Zahlenband aus und falte es wie Super M.

a) Schau dir genau an, welche Zahlen übereinanderliegen. Schreibe einige Beispiele auf. Was fällt dir auf?

____

____

____

b) Jetzt fehlt nur noch ein Rechenschritt zur Lösung. Schreibe und rechne.

② Wie groß ist die Summe aller Zahlen von 1 bis 25? ______

Falte das blaue Zahlenband. Vergleiche mit Aufgabe ①. Was fällt dir auf?

____

____

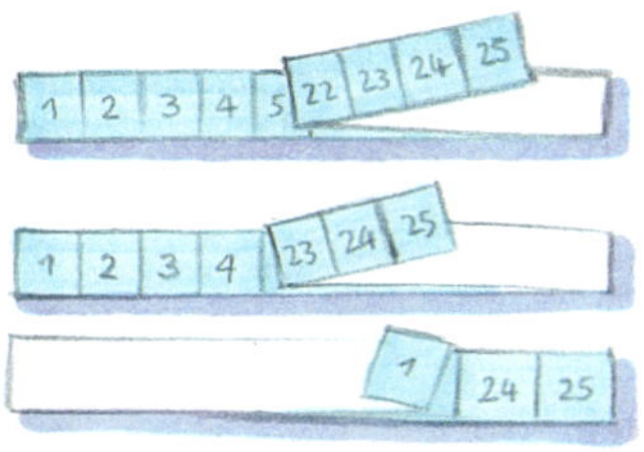

___ · ___ + ___ = ___

___ · ___ + ___ = ___

___ · ___ + ___ = ___

Oder:

___ · ___ = ___

③ Wie groß ist die Summe aller Zahlen …

a) … von 21 bis 40? ______

b) … von 101 bis 125? ______

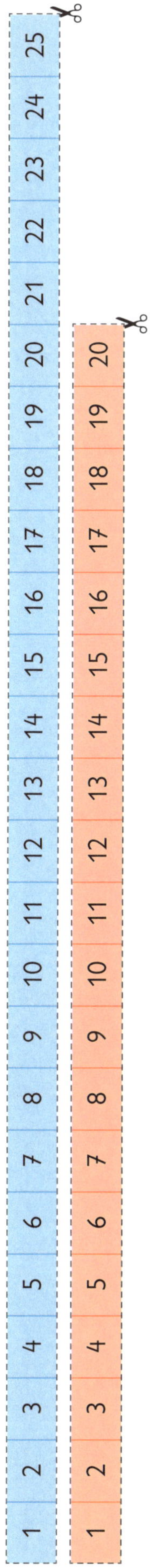

Was wir wissen und können

1 Familie Wolters besitzt einen Dackel.
Für Waldi reicht ein Sack Trockenfutter 72 Tage.

Die Nachbarn von Familie Wolters sind ebenfalls Hundebesitzer.
Für Dogge Oskar reicht ein Sack Trockenfutter 36 Tage.
In den Ferien versorgt Familie Wolters beide Hunde.

Wie lange reicht ein Sack Trockenfutter für Waldi und Oskar?

____

2 Drei Bagger A, B und C mit gleicher Leistung brauchen gemeinsam zum Ausheben einer Baugrube genau 20 Stunden.

a) Wie lange dauert das Ausheben, wenn nur zwei Bagger genutzt werden?

____

b) Nachdem die drei Bagger gemeinsam die Hälfte der Baugrube ausgehoben haben, fällt ein Bagger aus.
Wie lange dauert nun das Ausheben der zweiten Hälfte?

____

Um wie viel Zeit verzögert sich durch den Ausfall die Fertigstellung der Arbeit?

____

Stelle deine Lösungswege übersichtlich dar.

Das kann ich schon!

① Zeitpunkte – Zeitspannen

Die Straßenbahnen L 6 und L 8 und der Bus L 20 fahren unterschiedlich oft:
L 6 alle 10 Minuten, L 8 alle 15 Minuten, L 20 alle 25 Minuten.
Um 9.15 Uhr fahren alle gleichzeitig an der Haltestelle am Hauptbahnhof ab.
Zu welcher Zeit geschieht dies wieder?
Finde eine Lösung. Nutze die Rückseite.

____

② Kreis – Zirkel

Zeichne die Figur nach.
Das Quadrat soll eine Seitenlänge von 6 cm haben.

③ Zahlenfolgen

Wie viele Möglichkeiten hast du, die Treppen hochzugehen?
Bedingung: Auf die erste Stufe musst du auf jeden Fall treten.
Danach kannst du eine Stufe überspringen.

a) Probiere bis zur Treppe mit 6 Stufen. Fülle die Tabelle aus.

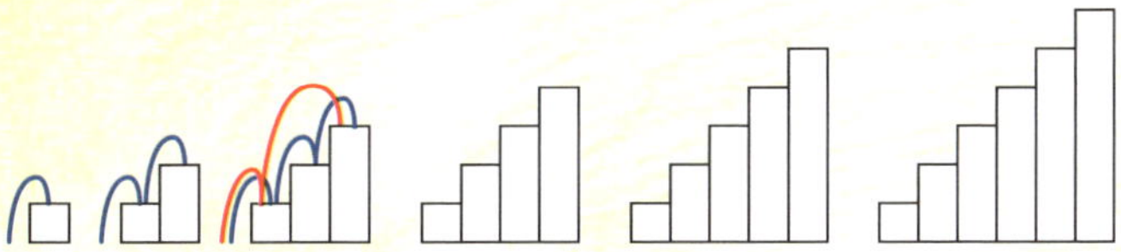

Stufenzahl	1	2	3	4	5	6
Möglichkeiten	1	1				

b) Die Anzahlen der Möglichkeiten ergeben eine interessante Zahlenfolge. Notiere sie.

1, 1, 2, ______________________________

Welche Regel hat die Zahlenfolge?

____

c) Wie viele Möglichkeiten gibt es bei einer Treppe mit 10 Stufen? __________

d) Bei welcher Stufenzahl gibt es zum ersten Mal mehr als 200 Möglichkeiten?

____

Sachrechnen – Die Meyer Werft

①

Celebrity Solstice – Technische Daten	
Länge	317 m
Breite	37 m
Tiefgang	8 m
Geschwindigkeit	24 Knoten (ca. 45 km/h)
Passagierkapazität	2852
Außen-/Innenkabinen	1286/140
Besatzung	ca. 1270 Personen
Decks	17

AIDAdiva – Technische Daten	
Länge	252 m
Breite	32 m
Tiefgang	7 m
Geschwindigkeit	22 Knoten (ca. 41 km/h)
Passagierkapazität	2050
Außen-/Innenkabinen	666/359
Besatzung	ca. 650 Personen
Decks	13

Vergleiche die Daten der beiden Schiffe. Wo fallen dir besonders große Unterschiede auf? Berechne die Differenz von mindestens drei Angaben. Nutze dazu die Rückseite. Notiere passende Aussagen zu deinen Ergebnissen.

②

Kreuzfahrtschiff AIDAdiva – fertiggestellt 2007

„Bevor alles funktionierte und fertig war, benötigten die Baumeister für die AIDAdiva etwa 200 Tonnen Farbe – das sind 8 000 25-kg-Eimer Farbe. Mehr als 1 700 Kilometer Kabel wurden verlegt! Und 36 000 Glühbirnen sorgen für tolle Erleuchtung. Im gesamten Innenraum der AIDAdiva wurden 27 500 Quadratmeter Teppich verlegt. Wer weiß, dass ein Fußballfeld 7300 Quadratmeter groß ist, kann sich vorstellen, was im Inneren der AIDAdiva erfolgreich bewältigt wurde."

(Quelle: Meyer Werft Papenburg)

Vergleiche die Angaben in diesem Text mit denen der Aufgabe ③ auf Seite 113 im Buch. Erstelle dazu eine Tabelle mit den Daten der beiden Schiffe.

① Rechne. Notiere dein Ergebnis mit römischen Zahlzeichen.

a) XXV − VII = ______
XXIX − XVI = ______
XL − XXIX = ______

b) VIII · IX = ______
XI · XII = ______
LIV · III = ______

c) LXIV : VIII = ______
LXXII : IX = ______
XLVIII : VI = ______

② a) Lege jeweils ein Streichholz so um, dass richtig gelöste Aufgaben entstehen. Notiere deine Lösung.

Ich lege die Aufgaben mit Streichhölzern.

XI + VI = XV ______

VIII − V = I ______

b) Lege jeweils zwei Stäbchen so dazu, dass die Aufgaben stimmen.

XVI + VI = XXIV ______

XXVI − XI = XV ______

③ Zahlzeichen der Mayas in Mittelamerika. Welche Zahlen sind es? Berechne.

a)  3 · 20
0 · 1
60

b) 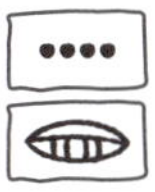 ______

c)  ______

d)  ______

e)  ______

f)  12 · 20 =

g)  ______

h)  ______

i)  2 · 400 =

j) 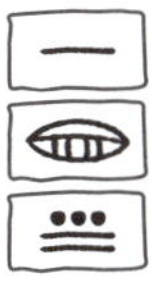 ______

k)  ______

④ Zeichne wie die Mayas.

a) 79

b) ______

c) 934

d) ______

SB ▸ 114/115 AH ▸ 57 E ▸ 58

1 Paula bekommt für ihr Kinderzimmer diese Möbel.

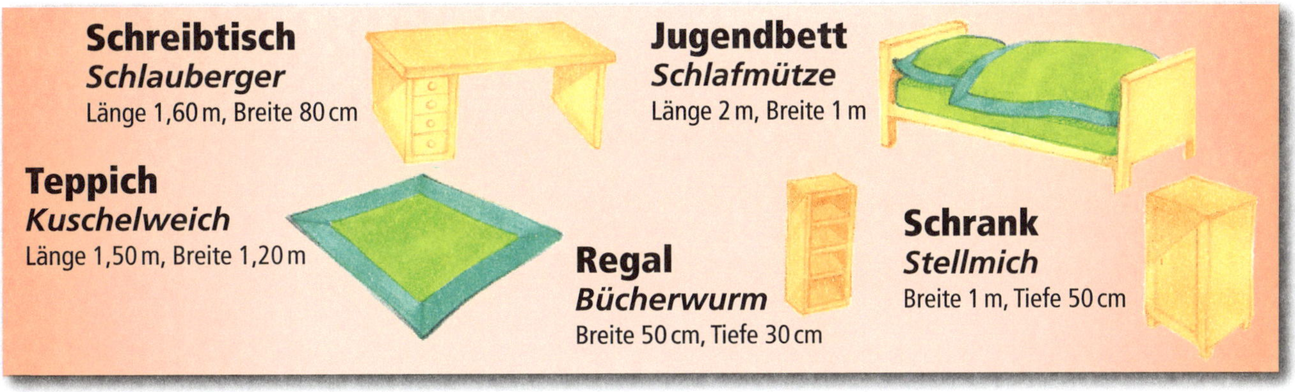

Sie hat den Grundriss ihres Zimmers im Maßstab 1 : 50 aufgezeichnet.

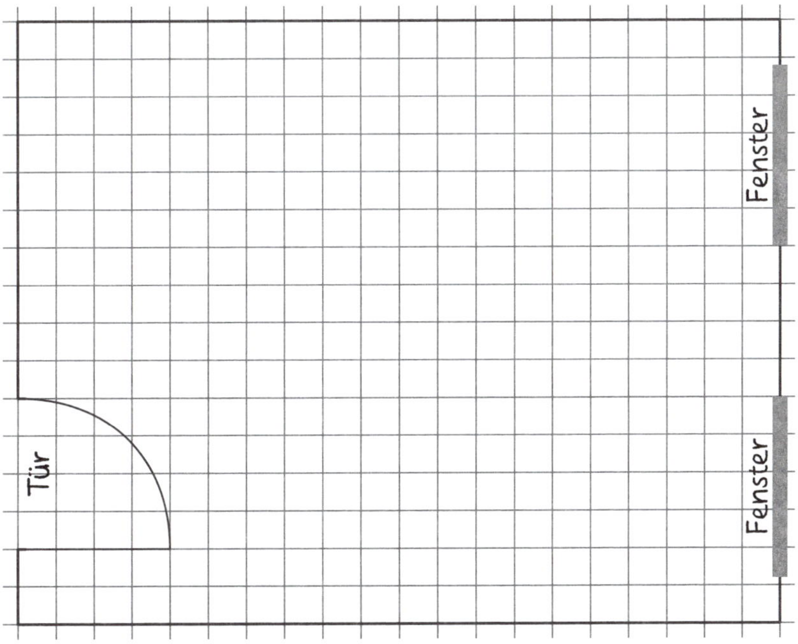

a) Miss und berechne die wirklichen Maße des Zimmers. Nutze die Rückseite.

Zimmerlänge: 5 m

Zimmerbreite: ______

Türbreite: ______

Fensterbreite: ______

kurzer Abstand Tür – Wand: ______

langer Abstand Tür – Wand: ______

Abstand zwischen den Fenstern: ______

b) Das Zimmer ist ____ Quadratmeter groß.

2 a) Paula möchte die Möbel im Maßstab 1 : 50 auf Millimeterpapier zeichnen.
Zuerst legt sie sich eine Tabelle mit den wichtigsten Maßen an. Vervollständige die Tabelle.

Wirklichkeit	1 m	0,5 m	1,2 m	1,5 m	1,6 m	2 m	80 cm	30 cm
Bild (1 : 50)								

b) Zeichne die Möbel im Maßstab 1 : 50. Schneide aus und probiere, wie Paula das Zimmer einrichten kann. Klebe dann auf.

1 Der Zoodirektor möchte den Besuchern Rundgänge vorschlagen. Bei der Berechnung der jeweiligen Entfernung und Dauer schätzt er, dass ein Erwachsener beim gemütlichen Zoobummel ungefähr 2 km pro Stunde schafft. Für Kinder plant er etwa 1 km in der Stunde.

Überlege dir mit einem Partner je einen Rundgang für Kinder, Schulkinder und Erwachsene. Zeichne ihn in der jeweiligen Farbe ein. Nutze die Rückseite für Rechnungen.

a)

Rundgang 1
für Kinder
Dauer: etwa 1 Stunde
Entfernung: ____ km
Besichtigte Tiere: ________
____

Rundgang 2
für Schulkinder
Dauer: etwa 2 Stunden
Entfernung: ____ km
Besichtigte Tiere: ________
____

Rundgang 3
für Erwachsene
Dauer: etwa 3 Stunden
Entfernung: ____ km
Besichtigte Tiere: ________
____

b) Welchen Weg würdest du gerne gehen? Zeichne ihn grün ein. Wie lang ist er? ____________

Welche Tiere siehst du? ________________________________

Schrägbilder

1 Baue den Soma-Würfel mit allen sieben Teilen. Färbe die Ansichten passend ein.

von vorne | von links | von rechts | von oben | von hinten | von unten

2 Baue die beiden Figuren mit einigen Soma-Teilen nach und färbe die Schrägbilder richtig ein.

a)

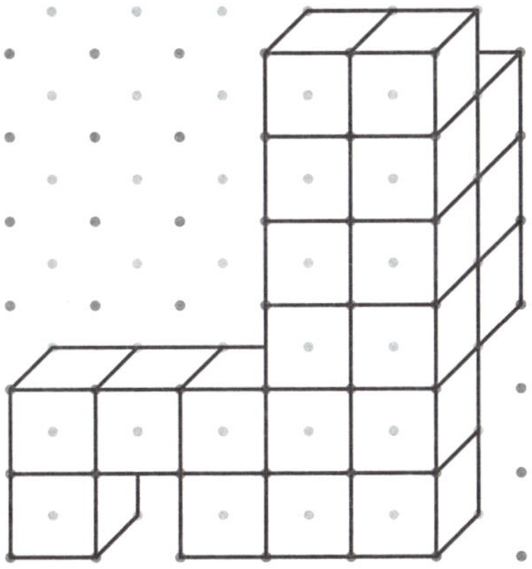

b)

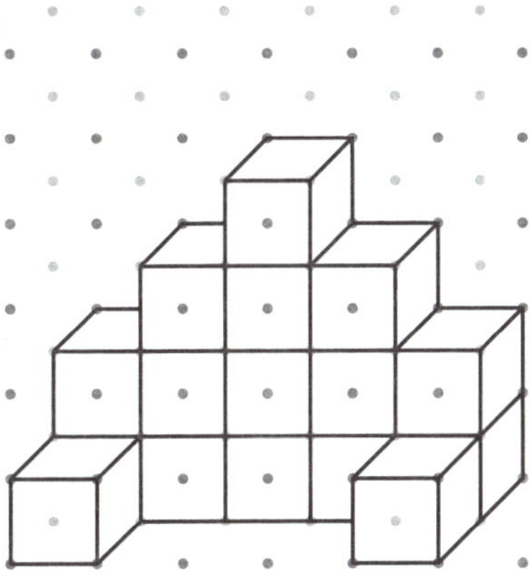

3 Baue aus den Teilen Ecke, linke Hand und rechte Hand eine Figur.
Zeichne sie von allen vier Seiten. Färbe richtig ein.

Kunstprojekt: Victor Vasarely

1 

Auch dieses Bild ist von Victor Vasarely geschaffen.

a) Welche Grundformen erkennst du?

b) Finde heraus, wie Vasarely die Formen sichtbar gemacht hat.

c) Vervollständige die Bilder mit Bleistift und Geodreieck.

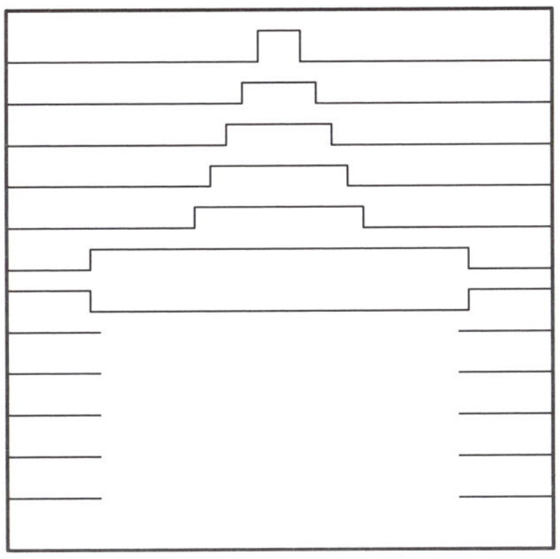

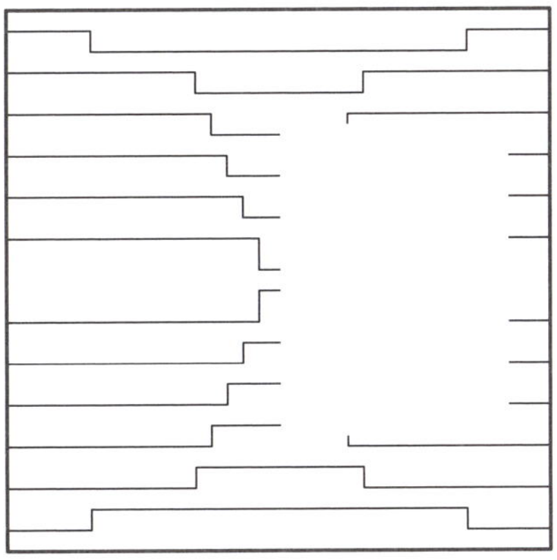

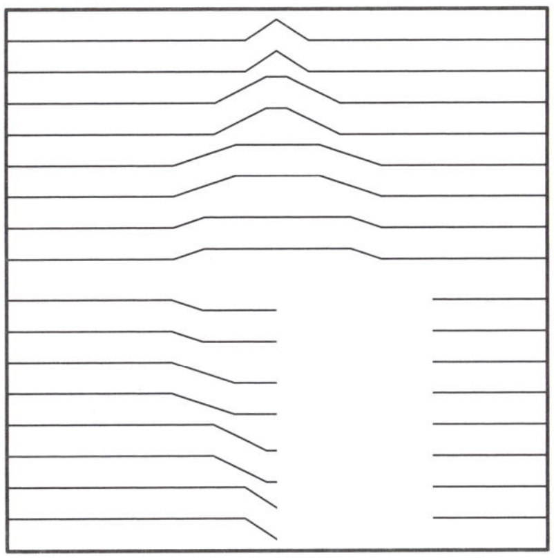

d) Gestalte auf dieselbe Weise eigene Bilder mit geometrischen Grundformen.

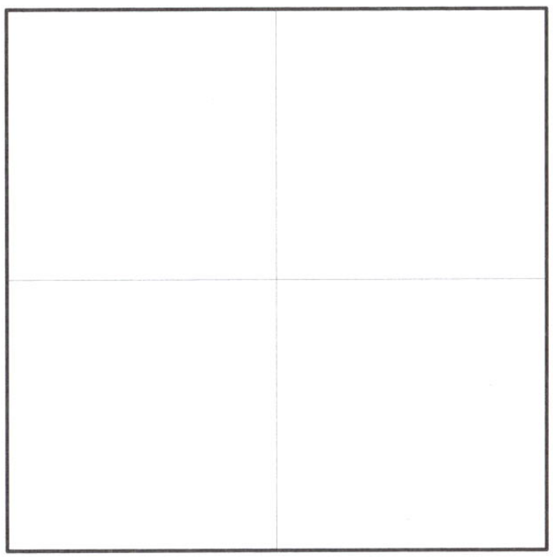

Grundwissen Multiplikation und Division / Geometrie

1 Ich verstehe und verwende Fachbegriffe. Nutze die Rückseite für Rechnungen.

Multipliziere den Quotienten aus 2 367 und 3 mit der Differenz von 682 und 583.
Ergebnis: ___________

Subtrahiere von 12 431 das Produkt aus 142 und 61.
Ergebnis: ___________

Addiere zum Quotienten aus 5 775 und 5 die Differenz von 1 458 und 613.
Ergebnis: ___________

2 Ich kann das Muster mit dem Zirkel fortsetzen und es einfärben.

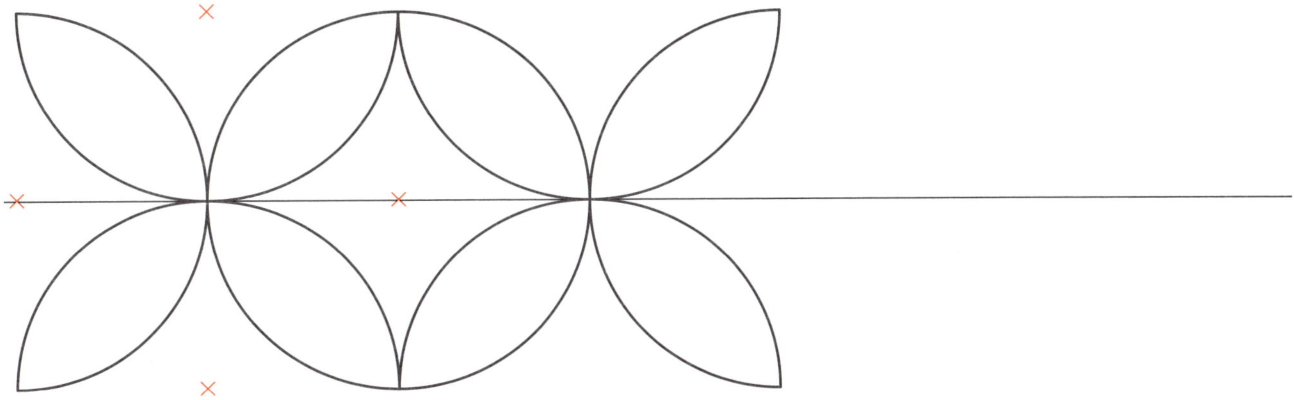

3 Ich kann drehsymmetrische Figuren zeichnen.

a)

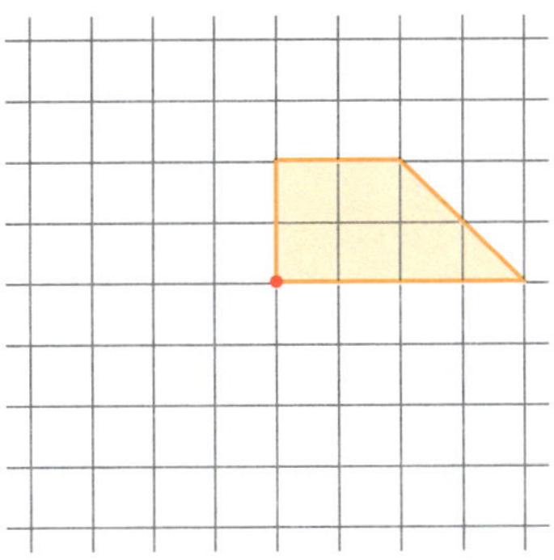

b)

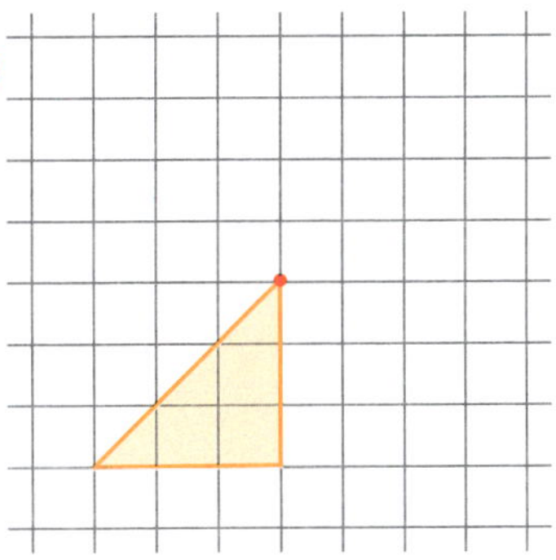

c)

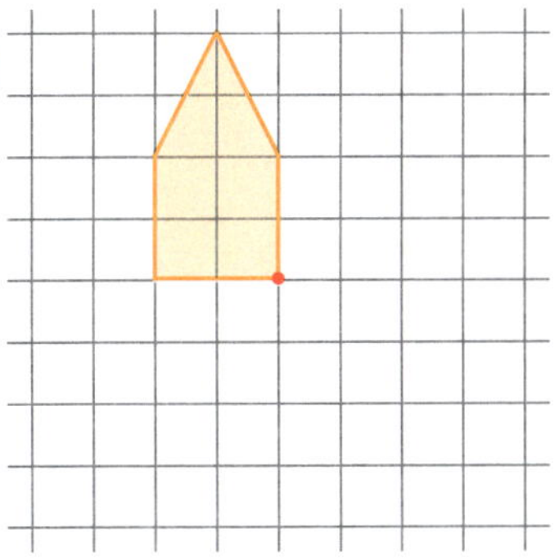

4 Ich kann die Länge des Umfangs und den Flächeninhalt bestimmen.
Berechne Umfang und Flächeninhalt für die blaue Fläche und für die weiße Fläche.

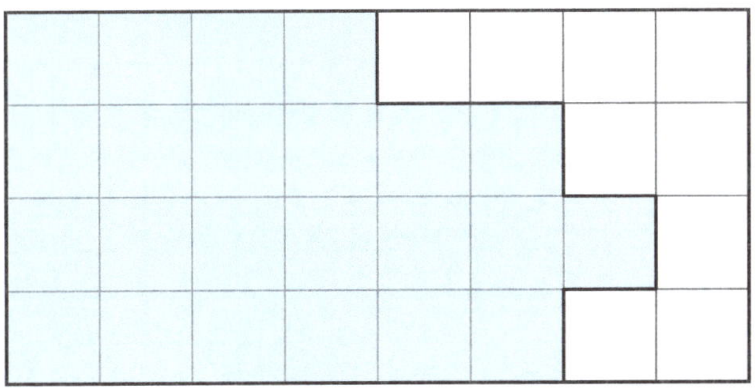

(1) Ich kann auf verschiedene Weise darstellen. Ich kenne die Namen der Größenbereiche.

50 m 8 cm = ________ m = ________ cm [Längen]

____ km ______ m = 4,873 km = ________

________________ = 1,099 t = ________ kg [   ]

________________ = $\frac{3}{4}$ t = ________

____ l ______ ml = 2,75 l = ________ [   ]

________________ = ________ = 90 ml

(2) Ich kann Daten aus Tabellen entnehmen und vergleichen.

Im Allwetterzoo Münster werden unter anderem jährlich die folgenden Futtermittel verbraucht.

a) Berechne den täglichen Bedarf. Nutze die Rückseite.

Futtermittel	pro Jahr	pro Tag
Heu	360 t	
Gemüse/Obst	336 t	
Futterrüben/Kartoffeln	68 t	
Fisch	21 000 kg	

Futtermittel	pro Jahr	pro Tag
Fleisch	12 000 kg	
Brot/Zwieback	12 000 kg	
Mehlwürmer	400 kg	
Himbeerblätter	400 kg	

b) Ergänze den Text. Nutze die Rückseite für Rechnungen.

Der Allwetterzoo Münster braucht jährlich ________ t Futtermittel für seine Tiere.
Mit ______________ kg ist die benötigte Menge an Heu am größten. Die Mengen an Mehlwürmern und Himbeerblättern sind dagegen mit jeweils ________ t am kleinsten.
Der Bedarf an Fleisch ist etwa ____-mal größer als der Bedarf an Himbeerblättern.
Fisch wird fast ________________ so viel verfüttert wie Fleisch.

c) Schreibe eigene Vergleiche.

____

____

____

(3) Ich kann Sachaufgaben lösen.
Den Allwetterzoo Münster gibt es seit 1974. Er ist täglich ab 9 Uhr geöffnet.
Der Zoo schließt von April bis September um 18 Uhr, im März und im Oktober um 17 Uhr und von November bis Februar um 16 Uhr.

Was willst du wissen?

____

Beantworte deine Frage. Nutze die Rückseite für Rechnungen.

____